Eugène Demolder

IMPRESSIONS D'ART

Études — Critiques — Transpositions

Bruxelles

Des presses de Madame Veuve Monnom

26, rue de l'Industrie

—

Décembre MDCCCLXXXIX

Impressions d'Art

Eugène Demolder

IMPRESSIONS D'ART

Études — Critiques — Transpositions

Bruxelles
Des presses de Madame Veuve Monnom
26, rue de l'Industrie
—
Décembre MDCCCLXXXIX

A Félix Fuchs

Constantin Meunier

« C'est la contrée désolée aux rives de
laquelle expirent les gaiétés de la création, la terre de feu où bout dans les
profondeurs la chaudière des sorcières
de Macbeth, le *Finis terræ* des églogues
et des bucoliques. »

CAMILLE LEMONNIER.

Constantin Meunier aura campé en des toiles caractéristiques et modelé en de robustes statues l'Ouvrier moderne.

Son œuvre est triste et sombre, violente et tragique, comme
ses modèles.

Le pays de dilection de ce grand artiste, c'est le Hainaut. Et
de cette contrée, il donne, moins encore la note réelle — car
l'atmosphère hennuyère est claire et gaie souvent, avec des
aspects parfois idylliques — qu'une note synthétique, expri-
mant de façon poignante l'âme de ce pays industriel, semblable à une forge de géants, brûlée aux foudres d'un travail
dantesque. Sous des cieux tourmentés par des cheminées cra-
chant leurs tourbillons en sinistres nuées, et comme éclairés
d'un soleil ténébreux, les laminoirs découpent leurs ossatures
apocalyptiques, les charbonnages profilent leurs spectres
immenses et bizarres. Du paysage embrasé par les fournaises
s'élèvent les terris, aux schistes stériles, formés, dirait-on,
par la lave de quelque volcan; une chaudière s'érige, tel un
donjon, et sur un escarpement de cette région minée, bosselée
par des cataclysmes, un coron cramponne ses maisonnettes
sales et pauvres, couvertes de tuiles rouges, lavées de chaux
bleue ou jaunâtre. De même que les gothiques imprègnent

de mysticisme le fond de leurs tableaux et baignent leurs malingres béats en une atmosphère de religiosité, faisant ainsi aux types de leurs tableaux un sympathique alentour, créant autour d'eux un monde caressé des reflets de leurs propres âmes — de même le paysage de Meunier semble vibrer du labeur intense du peuple ouvrier et de la fièvre des usines ; sa couleur s'éclaire aux foyers des verreries, s'enfume aux vapeurs des hauts-fourneaux, s'enténèbre aux puits des charbonnages, s'empourpre au cinabre des toitures, et parfois semble aigrie, blasphématoire, révoltée par la misère profonde du peuple souffreteux, qui peine terriblement en les modernes géhennes des bassins houillers.

En ce milieu, ainsi synthétique : le Mineur, la Hiercheuse, le Puddleur, le Verrier, le Lamineur.

Le Mineur — en son costume de toile salie, coiffé d'un chapeau de cuir recouvrant un serre-tête, une lampe à la main — tantôt poussant des wagonnets chargés de houille, en la sombreur d'une plate-forme de charbonnage, tantôt à croupettes, à la façon boraine, délassant ses genoux ankylosés, un brûle-gueule aux lèvres. D'autres fois, c'est la descente : en groupe, ils sont là, lampes allumées, silencieux, dans le dramatique décor de l'outillage gigantesque qui surplombe l'orifice de la mine, et qui s'érige, enchevêtrant des solives puissantes, sous la halle gigantesque et désolée, aux tragiques obscurités : la bure est suspendue, dessus le noir vertige du puits béant, qui va l'*avaler*.

La Hiercheuse : un mouchoir retenant son chignon, quelque boucle de pacotille brillant à ses oreilles, elle manie une pelle ou une pioche, et trime, penchée, fouillant les rebuts vomis par le cratère. Elle est en veston court, un pantalon, coupé au genou, modelant ses hanches de femme, les mollets en des bas de laine, les pieds enfouis en des sabots. Un foulard minable couvre ses épaules, sur lequel ses cheveux, en torsade, reposent. Beaucoup ont des airs garçonniers, le bassin grêle, les seins effacés sous la toile grossière.

Les Puddleurs, les Verriers, les Lamineurs, eux, redressent, dans l'incandescence des usines, leurs torses nus, au milieu du

tonnerre des roues et des marteaux, et des éclairs jaillissant
aux fissures des fours ardents. Travail diabolique. Les voilà
portant à vigoureux biceps des cuves emplies de métal en
fusion ; puis, ils ramassent, à l'aide de tenailles, la fonte qui
étincelle, ou bien ils moulinent, à tours de poignets, au bout
de tubes en qui ils soufflent, ballonnant du verre fondu. Tantôt
ils attisent les foyers brûlants, aux flammes aveuglantes, tantôt
ils arrosent de jets d'eau l'acier coulant des gerbes ignées.
Dans les grands hangars des verreries et des laminoirs, ils
mettent leur vie active : ils les animent, en font comme des
bêtes énormes, rugissantes, les entrailles en feu.

Telle, la population magnifiée par l'art de Meunier.

Il la célèbre en une plastique fatale. Son ouvrier semble
plier sous un joug mystérieux. S'élève, au dessus de ses personnages, qui peinent et souffrent, une déesse d'airain, au
front inexorable. Elle est semblable aux puniques idoles de
Salammbo, dévoreuses de victimes humaines, et comme des
entrailles de celles-ci des fumées d'holocaustes montent et l'enveloppent d'horreur. Elle domine, implacable, et l'ouvrier se
résigne, tête basse, courbé vers la glèbe.

Voyez *le Retour*. La nuit tombe, sinistre, et se dressent,
vagues et immenses guillotines, prodigieux instruments de
torture surgis dans la ténèbre, les charbonnages et leurs
cheminées élancées. Les terris s'enveloppent d'ombre. Les
usines aux nefs noires hantent l'obscurité comme de mystérieuses cathédrales. Et vers leurs cahutes de misère, les
mineurs dévalent, en morne troupeau, les reins cassés, le
pas lourd, trébuchant par ces sentes plongées déjà en la nuit,
avec, sur leurs épaules, un faix invisible. L'horizon de leur
vie est d'ailleurs aussi lugubre que ce lointain au crépuscule
plein d'angoisse. Mais ils passent, salis et brisés par le labeur
du jour, sans paroles et sans pensées, à travers le paysage
désolé.

Dans la *Descente*, on apprête la bure, la cage où ils vont
s'entasser et se livrer machinalement aux hasards de la fosse.
Ils entourent la mécanique, muets et patients, munis de leurs
instruments de travail. Ils regardent, d'un œil fixe, le jeu des

poulies et des roues, inconscients, dirait-on, des dangers à courir, victimes soumises. Un jour froid tombe de hautes lucarnes ; il caresse de reflets tristes les vestes bleues, et les visages, sous les chapeaux de cuir, s'assombrissent en cette demi-lumière qui lèche avarement les murs humides.

Jamais un éclair de gaieté en ce firmament d'âpre mélancolie. C'est le labeur sans trêve, sans repos. Pas un sourire. Les papillons de la joie se sont enfuis au bruit des enclumes et le rayon de l'idylle s'est éteint dans la suie du pays.

Ainsi l'ouvrier est lui-même un engrenage de l'énorme labeur d'airain — vaste et monstrueuse bête échouée sur le pays avec ses innombrables yeux de flammes qui regardent les nuits — chimère vivante : les noires toitures des fabriques, sous les cheminées pareilles à des mâts gigantesques, vibrent, puissantes poitrines , comme les ponts trépidants des steamers.

L'ouvrier est un vivant outil en cette masse grandiose. Il a le front étroit et bas, jamais pensif, la cervelle écrasée comme par une calotte d'airain. Dans les fumées rouges, il profile sa face abêtie, bronzée par les feux, pareille au relief d'une médaille frappée pour célébrer la force brutale. Sa mâchoire est bestiale, osseuse, son œil enfoncé dans l'orbite. Son torse nu, incendié par le reflet des coulées en fusion, semble modelé dans un métal ardent ; — il est maigre, les côtes en relief, solidement musclé par le travail, draîné par les suées. Les biceps saillent en vigueur et les mains sont tannées et rugueuses. Sous la blouse, qui se colle aux carcasses, on devine des ossatures solides de gaillards rompus à des labeurs rudes, incessants, qui ploient les corps, assouplissent les muscles, mais finissent par courbaturer, manger les chairs, tarir la moelle des os, briser les plus robustes et dessécher les poitrines aux atmosphères brûlantes des hauts-fourneaux ou aux sombreurs poussiéreuses des galeries. Ces misérables au visage de brutes passives troué d'yeux étonnés au jour, comme les yeux des oiseaux nocturnes, on les dirait pétris de la même matière que ces immensités en qui se perdent leurs obscures existences ; on croirait qu'ils sont enfantés, eux aussi, par ces machines puissantes, qui se font un jouet de leurs vies, autour desquelles ils triment et grouillent, sombres larves. Ils en font partie, presque ; c'est comme le cœur, le cœur saignant et douloureux de l'hydre qui crache ses foudres et hurle son *lamento* terrifiant ; c'est comme le sang qui circule dans les veines et vivifie ces dédales sans fin, ces entrailles mystérieuses, où il se perd, dépérit, se renouvelle, pour alimenter, faire respirer et bruire l'Industrie qui le dévore.

Si Meunier n'a pas saisi en son entièreté, en sa multiplicité, le prolétaire actuel, du moins a-t-il glorifié son côté le plus grand. Il a découvert dans le serf de nos jours une tragique beauté, et a montré qu'on pouvait édifier des statues et faire des tableaux, en prenant d'autres modèles que ceux des académies, en s'inspirant à d'autres poèmes qu'à ceux des marbres classiques. Meunier, au lieu de rêver aux lignes harmonieuses des Apollon et des Allégories, a penché son front pensif, son front triste, sur la vie bruissante. Il a trouvé, dans son alentour, une veine inexplorée. Son œuvre restera, comme toutes les œuvres, d'ailleurs, de ceux qui ne se désintéressent pas des choses contemporaines, et qui comprennent que la mission de l'artiste est d'exprimer le caractère essentiel des faits, des hommes et des situations d'esprit de son époque. Les vrais artistes sont comme des fleurs spirituelles, à l'épanouissement rare, embaumant le coin de terre où elles ont germé, mais ayant besoin, pour le coloris plein d'attraits de leurs corolles, du suc du terreau où elles s'implantent et des caresses de la lumière ambiante. Et Meunier est bien de son époque, c'est bien un reflet de son temps qui éclaire son œuvre.

Sa technique même est en concordance avec les sujets qu'elle dit. Peinture toute d'impression, à coups de brosse emportés, rapides, primesautiers, à pinceaux fiévreux. Ne lui demandez pas des tableaux finis, minutieux ; n'exigez pas qu'il pousse une œuvre — non, il semble avoir la hâte de l'impression vitement rendue ; son faire est inquiet ; d'un jet, sa composition paraît établie dans le cadre. Il ne s'attarde pas à caresser sa toile, ne se complaît pas aux savantes chansons des harmonies ; sa couleur vibre, jure, souffre, s'encolère ; elle emprunte au rouge et noir tumulte des usines et exhale la tristesse des plèbes qui y peinent. Et le dessin est turbulent, agité, impatient, sommaire parfois, négligeant le détail, pour insister seulement sur le côté caractéristique des choses.

La sculpture de Meunier est plus solide. Meunier a peut-être un tempérament de sculpteur plutôt qu'un tempérament de peintre.

Sa sculpture est grande et forte. Elle crève les moules banals et fait sauter les bandelettes où d'ordinaire on momifie les plâtres. Elle est profondément humaine. Comme son pinceau, l'ébauchoir de Meunier glorifie le travail moderne.

Le *Puddleur* incarne le repos de l'ouvrier. Las, les reins rompus, la poitrine encore haletante, il s'assied, en son costume de travail. Son échine se courbe, ses lèvres, de grosses lèvres charnues, expriment la fatigue, et ses bras attendent que les muscles reprennent leur vigueur pour ressaisir les outils pesants et reprendre la lutte avec la fonte.

Le *Marteleur* s'érige, debout, dans la plastique trapue et nerveuse de son corps de prolétaire enchaîné aux tuantes besognes. Il s'appuie sur son marteau comme sur un glaive. Tel un héros. Une blouse se plisse sur son torse. Un tablier le cuirasse. Des guêtres de cuir protègent ses mollets, pareilles à des jambards de guerrier. Mais il n'a rien d'antique, et c'est l'héroïsme sombre du labeur d'aujourd'hui que sonne ce bronze superbe.

Il y a quelques années seulement que Meunier s'est révélé sculpteur. D'emblée il a pris rang parmi les premiers.

Il termine actuellement, pour le Salon prochain, une œuvre nouvelle appelée certainement à consacrer définitivement sa renommée.

C'est un groupe douloureux : une femme se penche sur un cadavre d'homme et regarde anxieusement son visage. C'est après un accident de grisou. Le gaz a soufflé le trépas. On remonte les morts. On les a étendus dans des morgues provisoires où leurs parents viennent les reconnaître.

Celle qui m'a servi de modèle, me disait Meunier, a rôdé

dans la halle funèbre toute la nuit, et, tout ce temps, je l'ai observée.

Et il me narra cette nuit sinistre passée à la lueur des carcels, en dessinant des fusains, et durant laquelle il a conçu, non seulement l'épisode sculptural dont nous venons de parler, mais encore un tableau, déjà ébauché, racontant cette scène.

C'est, dans un hangar immense et noir, l'étalage des mineurs occis. Leurs visages bruns, terribles, ont des rictus d'épouvante. Ils sont couchés en rangées, comme sur des tables d'amphithéâtre, avec des contorsions de désespoir que la mort a figées. Des jeunes filles lavent les chairs brûlées. Des femmes cousent des suaires. Des lampes fument, leurs flammes échevelées par le vent. Déjà le matin pointe, bleuit une fenêtre.

En ce lieu de désastre, la vieille avait promené sa silhouette angoissée, interrogeant les visages défigurés des morts — jusqu'au moment où elle était tombée, exténuée.

Maintenant, la voilà, la pauvresse, modelée en terre glaise, belle et grande, dans sa peine muette, comme une *Mater Dolorosa*. Sa tête s'embéguine d'un mouchoir ; ses mains se tordent sur ses genoux qui plient ; elle penche un visage dolent, imprégné d'une anxiété horrible, vers le cadavre gisant à ses pieds.

Un cadavre nu, à maigre carcasse de mal nourri. Sa main se crispe sur son cœur et son visage exprime encore l'épouvante de la minute suprême. On dirait un corps de martyr étendu, sanglant, sur l'arène d'un cirque, et que les bestiaires, le spectacle fini, vont traîner jusqu'aux cages à tigres.

Nous admirions ces statues nouvelles dans l'atelier de Meunier, à Louvain, l'un de ces après-midi d'hiver. Le brouillard tombait dans les rues monacales de la petite ville, et les notes du carillon s'y noyaient tristement. La Dyle coulait, sous les vieilles murailles, ses eaux jaunes, les tourelles de l'hôtel de ville et leurs gothiques orfèvreries se perdaient dans un gris splénétique.

La lumière, qui, à notre entrée, était encore éclatante dans l'atelier, peu à peu s'éteignait. Et à mesure que tombait le soir, la statue de la boraine affligée, s'endeuillant du crêpe noir du crépuscule, grandissait plus dramatique, inquiétante, comme une Vierge au Calvaire, immobile dans la contemplation infiniment douloureuse de son Fils descendu de la croix.

Meunier, après que nous eûmes vu ses œuvres nouvelles, se prit à parler de son art. Son visage de Christ résigné et souffrant, au grand front ridé, s'éclaira d'un sourire large et pensif. Il nous dit sa volonté de faire de l'*art*, et rien que de l'art. Son âme d'artiste s'épanchait doucement, et son cœur d'or illuminait d'un rayonnement évangélique ses paroles. Il nous conta le bonheur de vivre confiné dans son atelier, et d'y écouter, sans cesse, solitaire, les murmures de l'inspiration. De faire toujours le beau pour le beau, sans se rendre à l'invite de la bêtise bourgeoise, qui vient faire miroiter des perspectives de richesses à celui qui sait s'arracher à son idéal et exécuter les choses basses qui plaisent au public. Le tableau n'a pas pour but d'orner le salon d'un enrichi ou le boudoir d'une mondaine. L'art a une raison supérieure et hautaine.

Et Meunier nous parla aussi longuement du peuple industriel de là-bas, de ses mœurs, de sa foncière bonté, de son courage. Il nous dit ses séjours au milieu de ces prolétaires, séjours d'où il rapporte des cartons emplis de dessins, de croquis, d'études. Il revient, et alors, dans son atelier, il élabore l'œuvre, loin de la réalité, qui n'est pour lui qu'un document. Car son art est un art de sensitif, qui trouve de l'intérêt ailleurs que dans le ton juste. Il voit non seulement avec l'œil, mais aussi avec l'âme. Il met sur la toile, non pas seulement ce qu'il a vu, mais ce qu'il a senti. Ce qui se développe, sous son pinceau, c'est le pays et ses terris, ses fosses, ses corons, ses châssis à molettes, ses baraques et son peuple qui y trime à coups de hapiettes et de ravelines, mais, plus encore que tout cela, une impression sienne, où le coloris réfléchit sa pensée et chante sa sensation. Et le tableau s'éclaire d'une étincelle de son génie, exhale une plainte de son âme, pleure une larme arrachée à son cœur, clame un juron de sa colère. Avec les couleurs il broie une lueur de son esprit, à ses plâtres il mêle une parcelle de sa pensée et de ses sentiments. C'est tout le secret, d'ailleurs, de la magie de l'art.

Janvier 1889.

Champp de foire

························

Le boulevard, — un large boulevard bordé de maisons sur la façade desquelles dansent les reflets rouges de la foire, — monte, et troue la ville d'une baie qui découvre un grand pan de ciel, noir, avec, à l'occident, un râle de crépuscule.

La poussière monte du sol piétiné par une foule s'écrasant autour des baraques, — buée éblouie de lumière électrique, piquée de l'œil rubescent des tramways, salie par des falots, barrée de lignes de becs de gaz qui alternent avec des lanternes vénitiennes.

La masse noire des curieux, — tapageuse et pittoresque, mi-éclairée par les étalages des forains, et de laquelle émerge le réservoir pointu d'un marchand de coco, — serpente en ce charivari de lumière, pétillant de bizarres couleurs.

Coin fantastique, où tout s'anime de vie factice! C'est comme un gigantesque jouet à mécanique, flanqué de lumignons, pour l'enfantin amusement de cette population arrêtée au boniment d'un bateleur. Des machines, dont le sifflet stride, font tourner les moulins, sur les pégases en bois desquels des filles viennent s'asseoir, — les moulins, au tournoi multico-lore pailleté de verroteries rapides, fouetté de scintils, et sem-blant projeter, en son gai vertige lumineux, des notes de clarté et de folle musique. Des panopticums s'ouvrent : à leur entrée, des automates, en costume prétentieux, ont des gestes involontaires. Un Oriental, en turban fantaisiste, à la belle barbe noire postiche, tourne la tête, constamment, avec un grincement du ressort caché en sa poitrine décorée d'un crachat de carton doré, tandis qu'un vieux bonhomme à chevelure de crin tire, par intervalles, d'un fatal mouvement de son corps caduc de grande marionnette, le cordon d'une cloche. Et, tout près, les réclames saignantes des musées anatomiques, aux crudités d'autopsie, aux mates pâleurs de cire : un squelette de chimpanzé, soutenu par une baguette de fer, laisse pendre ses longs bras ridicules ; dans une cage en verre, un buste nu de femme, à dolente figure, une griffe de fer lui arrachant un sein, évoque d'anciens supplices d'Inquisition.

Des appareils électriques, plus loin, tintinnabulent ; sur les tréteaux, on annonce, à la fumée des pétroles, des trucs inédits de prestidigitateurs ; là-bas, des barquettes aux voilures enflées tournent avec un balancement imitant le roulis. Dans des tirs, où pétaradent des carabines, criaillent des bonshommes en zinc, atteints par les balles de plomb, et se cassent, avec un bruit sec, des pipes de terre.

Vision insolite, surgie dans le cadre étonné d'un quartier de ville. On cherche l'ingénieux génie, échappé d'un conte d'Hoffmann, qui met en mouvement baroque et fantasmatique cette kyrielle grinçante, discordante, vibrante, pétillante, déchiquetant par places le ciel enfumé, d'un fouillis de silhouettes : toiles constellées, oriflammes, mâts, fusées, en des effets de nuit imprévus, où quelque soudain clair de lune rêveuse baise, de la même douceur en qui il envelopperait la Diane d'un quinconce, une géante trivialement peinte, hissée dessus un toit de charlatan.

Et d'ailleurs, la vie des forains est aussi étrange que la foire elle-même. Ces juifs-errants des kermesses traînent par tous pays une existence de vagabonds singuliers, artisans piteux des réjouissances du peuple, avec des campements bohêmes au coin des grand'routes, des jours coulés dans la maison roulante où ils dorment pêle-mêle, sales et déguenillés, drôlatiquement affublés d'ironiques oripeaux d'anciennes parades. Ils parcourent les ducasses et s'arrêtent à y monter leurs

théâtres volants et jouer leur comédie à bon marché : celle
annoncée par le porte-voix du directeur de la baraque en un
langage déclamatoire, et toujours le même.

Et que d'industries bizarres aussi, dans ce vacarme de festi-
vité bruyante, sous le fard du tabarinage ! Un hercule à
jambes cagneuses, le biceps tatoué, tient entre ses mâchoires
des poids en fer qu'il laisse lourdement retomber ; il est
flanqué d'un clown aux mains sales, associé spirituel, lançant
au public des calembourgs. C'est l'arène athlétique, et les lutteurs sont là, dans la vapeur puante des falots, leurs bras aux
muscles en saillie croisés sur des torses qu'ils bombent avec
ostentation. Une diseuse de bonne aventure, des signes caba-
listiques sur son enseigne, s'éclaire mystérieusement d'une
lampe imprégnant d'un reflet roussâtre la toile transparente
de sa baraque — l'antre de cette pythonisse chez qui de petites
ouvrières vont faire lire en leurs mains limées par le travail
un avenir en réalité bien pénible : mais, pour quelque monnaie, la devineresse donne à leur cœur superstitieux un chimérique espoir, vite éteint avec les derniers lampions du champ
de foire.

Un dompteur. Il est sanglé dans une redingote qui pince une
taille solide et souple, et a mis un pantalon gris, collant, et de
grandes bottes, à glands d'or, vernissées. Il a l'œil magnétique,
en un masque énergique au teint brun, à moustache noire :
une cicatrice lui barre la joue. Des dépouilles de tigres
pendent, crocs aigus, sous une panoplie d'armes indiennes, à
la porte de la ménagerie, que des fauves, lassés de leurs cages,
emplissent de rugissements nostalgiques. Le belluaire, une
cravache à la main, tandis que des singes attachés à des per-
choirs croquent des noix, fait danser un ours muselé clignant
des paupières hébétées et grognant. Cette scène mi-terrible,
mi-comique, se passe en une sorte d'antichambre du théâtre
où le bestiaire joue quotidiennement sa vie avec les instincts
mal endormis des carnassiers, — antichambre tapissée d'étoffe
rouge, sanguinaire, embellie d'un luxe criard : au fond,
sous un lustre allumant ses globes de gaz, une matrone
grasse et pâle, les sourcils peints en noir, trône derrière

un comptoir auquel deux cornes de buffle servent de sauvage retable.

Un dentiste en frac, cravaté d'un blanc douteux, sous le soufflet de sa victoria dételée, devant des diplômes encadrés qui miroitent et des médailles pendues à des rubans, bonimente avec une mimique emportée, d'une voix qui s'éraille, cherchant à tirer aux gogos dents et carottes. Tandis que, près de là, une saltimbanque, au visage ardent penché dessus la rampe des tréteaux, la lippe épaisse, la peau sale, les cheveux pommadés, un maillot plissé sur ses mollets de gymnaste, gifle farceusement un pître à la face blême sillonnée de rides en carmin. Des trombones, soufflés à joues enflées par de grands gaillards bien plantés dessus les planches, et sur le jeu desquels un piston module des variations, soutiennent la parade et lui font une musique de réclame. Une grosse caisse et des cuivres tapagent et le tambour ronfle à toute volée sous les poings cerclés de cuir d'un trapéziste en rose, culotté d'un velours semé de paillettes qui scintillent. Et tout à coup une cloche balancée sonne, dessus les têtes des spectateurs, massés, nez en l'air, devant la pantomime gratuite, des notes de bronze, et la baraque entière est ébranlée par ce tamtam infernal, aux appels criards, dans une furia de gigue échevelée, de calottes comiques, d'harmonie enragée, en un crescendo continu de vacarme canaille.

A côté, voilà l'exhibition des phénomènes, — nains ou géants, veaux à cinq pattes ou femmes à barbe,— une hideuse exhibition de difformités, dont les barnums, un long bâton à la main, montrent, sur des toiles gauchement brossées, la représentation en stupide caricature. On y voit des géantes, aux seins puissants débordant du corsage, lever leurs jupes de soie, pour montrer, sous un pantalon à dentelles, un mollet colossal, et des sirènes à figures grotesques essuyer leur chevelure et faire écumer les flots verdâtres de leurs queues écaillées en spirale. Un tom-pouce enfermé dans une boîte simulant une maison, sort par de petites fenêtres ses menottes poupines et grassouillettes : on entend sa voix de crécelle, plaintive, une voix de marionnette qui se détraque tristement.

Des débitants de pommes de terre frites ouvrent plus loin des cuisines proprettes, peinturlurées de façon riante, avec des rideaux blancs : les fours aux cuivres étincelants flambent, des marmites épandent une fumée de graillon, des cuisiniers en béret blanc circulent, et des miroirs reflètent cette chaudronnerie en ébullition, et l'allée et venue des marmitons. Du plafond, où des amours tiennent des cornets épandant une abondance de gaufres, de beignets et de galettes, de grosses boules de verre poli descendent, piquées d'un point lumineux, mettant comme des étoiles de clinquant en cette atmosphère de boustifaille démocratique. Une grosse patronne, la face rougie par le feu, les brides de son bonnet rejetées dessus ses rondes épaules, s'attelle à une pompe à bière : les verres s'emplissent constamment, avec de larges jarretières d'écume blanche.

Ce tintamarre voisin est celui d'un hippodrome. Une clarinette aigre domine de ses fioritures un orchestre de cirque ambulant. Une odeur d'écurie se répand. On entend le trot des chevaux, les cris apeurés des cavaliers inhabiles. Nombreux, ceux-ci ; car toutes les cocottes et grisettes de la ville adorent cette équitation. Les voici rôdant aux alentours de l'établissement, en quête d'un gandin qui leur paie des tournées équestres, les lèvres rouges comme des coquelicots sous leurs voilettes, avec une joie fardée : l'une d'elles, en tapageuse toilette d'été attend, accoudée à l'entrée hippique ; la tête sur l'affiche jaune, les yeux brillants en son visage déjà défraîchi, elle jette de temps en temps, en une conversation décousue et lasse, quelques mots à l'écuyer, qui claque du fouet pour attirer les clients.

Et toute cette fête bruit ainsi dans le soir urbain.

Parfois un coup de vent fait siffler les becs de gaz et échevèle les feux des résines. Des phalènes voltigent dans la lumière chaude. La foule circule, lente, et grouille. Les cabarets environnants s'emplissent de peuple attablé, et des aveugles, les paupières pour toujours closes, accompagnés d'un enfant, mendient, une sébille de fer à la main, chantonnant quelquefois d'une voix sénile une chanson, une de ces vieilles chansons chevrotées à toutes les kermesses par les perclus et les infirmes, avec des notes pareilles à des larmes qui tombent, sur des airs souffreteux, de pénibles airs.

Mais l'âme, l'âme triste de la foire, — avec les becs de gaz qui se plaignent au vent, — c'est, déchirée par le sifflet des machines, et dessinant des mélodies douloureuses sur le tohu-bohu de la foule, la musique des orgues de Barbarie.

S'y mêle maintenant, le chant plus héroïque des orchestrions qui soufflent, des grandes boîtes flanquées de pantins battant du triangle ou jouant des platines de cuivre, par des bouches triomphales de trompettes.

Oh ! les airs souffrants ainsi versés aux foules, les airs endoloris, tant de fois remoulus en accords si anciens ! Refrains vulgaires ou cavatines d'opéras, airs écorchés durant le sabbat des kermesses !

Souvent, tournant de machinales manivelles, des haillonneux les ont fait pleurer à leurs boîtes à musique, ces ballades quotidiennes égrenées en les banlieues, ces valses tant de fois mélancoliquement vidées à l'ennui des faubourgs. Lamento bramé par le clavier mi-brisé des orgues, et geignant comme à la torture dans leur mécanique impitoyable : en son rythme désolé, n'est-ce pas que gémissent toutes les banales souffrances amassées des foules, — des foules noires qui viennent s'étourdir, nocturnes papillons, à la traînée lumineuse et musicale du champ de foire ?

Novembre 1888.

Une Exposition d'Art ancien

Rien n'incite à des rêveries délicieuses comme une exposition d'art ancien. Dès l'entrée, l'œil s'abreuve d'une harmonie précieuse de couleurs opulentes et passées. Un parfum de vieille boiserie vague en l'air. Il semble que des odeurs d'encens planent dessus ces trésors d'église. Aux murailles pendent des Gobelins fastueux aux tons exquisement effacés comme les sons des clavecins. Des porcelaines rares égayent les étagères, reflétées par des glaces de Venise. Et de mignonnettes figurines de Saxe dansent, sous verre, de fragiles menuets. On est ravi par la mélancolie qui s'émane des choses anciennes, et que bercent de belles horloges de leur tic-tac séculaire, racontant, évocatrices voix de cuivre, les heures du jadis.

Ce qui fait l'intérêt de l'exposition d'aujourd'hui — l'une des plus belles — c'est le nombre et c'est la beauté des objets d'église. Toute une idolâtrie de métaux rares où s'incrustent des pierreries, de statuettes pieuses, de saints et de saintes. Reliquaires, ostensoirs, chrismatoires, châsses d'or et d'argent, vieilles croix de cuivre, phylactères, bénitiers, chandeliers, calices, burettes, bassins d'offrande, chasubles, chaires de vérité, fragments d'autels aux moulures représentant des cènes, des crucifiements, de smartyres, des paradis terrestres : toute la légende chrétienne est là taillée par des artisans des époques passées en boiseries noircies d'âge et piquées par les vers, là fondue et ciselée en vieux métaux. Voici encore des

Exposition rétrospective d'Art industriel au « Grand Concours » en 1888.

crosses, des couronnes aux fleurons somptueux de vierges miraculeuses, des lampes de sanctuaire, des lutrins, des fonts baptismaux, des tabernacles. Tout l'attirail des pratiques religieuses catholiques, le luxe des messes et des vêpres.

On songe aux splendeurs des cérémonies religieuses de jadis, alors que les temples n'étaient pas profanés par les objets qu'on y installe aujourd'hui et qui, certes, bien plus que les clous cruciaux, doivent faire saigner les Bons Dieux d'antan en leur intéressante plastique.

Quelle décadence ! Sa cause principale — à côté de l'universelle dégringolade vers la camelote, de l'agonie du goût, de la mort du style — c'est la Foi en allée. Ces œuvres si mystiques, en qui l'on sent la ferveur des mains qui les ont modelées, ne naissent que sous un ciel de religion, en des siècles pieux. L'art, n'est-ce pas la fleur idéale épanouie dans les plus hautes régions de la spiritualité, mais qui plonge sa tige et ses racines dans l'humanité contemporaine, terreau où elle puise le suc qui nourrit ses feuilles et ses pétales ? Dès lors, en notre temps de raison et d'analyse, plus d'art religieux. Le sol d'où s'élançait la Fleur Sainte, pareille à un Lys de la Vierge, est épuisé.

Parmi les objets d'église exposés, la couverture d'évangéliaire du frère Hugo d'Oignies attire. Le Christ ciselé, assis sur un trône et bénissant à la matière latine, a grand caractère, entouré des symboles des quatre évangélistes ; la bordure est curieuse, de délicat travail, représentant une chasse mystique, et parsemée de pierreries et d'intailles antiques. Presque toutes les œuvres connues du frère Hugo sont là rassemblées en une vitrine. Des reliquaires en cuivre doré, niellé, gravé ; des phylactères semés de cabochons. A part les qualités admirables d'exécution, on est requis par l'imagination déployée en formes imprévues, par la grâce et l'élégance des dessins. Le frère Hugo a inventé des motifs : tels ses ravissants rinceaux, faits de fleurettes, de folioles, de grappes estampées, et réunies par la soudure à des tigelles. Œuvres bien mystiques, écloses dans la paix d'un prieuré. Ces moines anciens niellaient leurs phylactères, coloriaient leurs bibles, ciselaient leurs bois, avec le même recueillement qu'ils mettaient en leurs prières. Telle vierge gothique ne semble-t-elle pas un psaume bien doux chanté à la Mère de Jésus ? Et n'imagine-t-on pas que, Pygmalion catholique, l'artiste se soit agenouillé devant son œuvre pour l'adorer ?

Parmi les châsses : la châsse de Saint-Maur, appartenant au duc de Beaufort. Elle affecte la forme d'un sarcophage ornementé d'un toit à double versant. C'est vraiment, autour des colonettes, sous les arcades, dans les gâbles, une débauche d'émaux et de pierreries. Chose curieuse, des camées antiques y sont incrustés. Il semble qu'on ait voulu honorer les restes du Saint par un luxe écrasant, un emmêlement du plus d'or et de pierreries possible. Et la châsse donne effectivement une impression de grande richesse ; c'est bien un *trésor*.

Ont plus de caractère, et moins de richesse, la châsse de Saint-Hadelin, — de l'église de Visé, — un chef-d'œuvre de ciselure ; les châsses, restaurées, de Saint-Domitien et de Saint-Mengold, appartenant à l'église de Notre-Dame, à Huy, et, de la même église, la châsse dite de Notre-Dame, très remarquable et d'une belle pureté de style gothique. On observe, en toutes ces châsses et en ces reliquaires, le travail de l'artisan qu'on peut parfaitement suivre. Partout, en ses applications, on sent la main de l'ouvrier. Il y a quelque chose de naïf dans la pose des plaques et des émaux, dans l'établissement des fresques et des colonnettes. De nos jours, les rares objets qui ne sont pas faits à la machine, ont l'aspect, quand même, aspect cherché, d'ailleurs, de choses exécutées mécaniquement. Tout doit être net, précis, propret, symétrique et bien en place : c'est mesquin et étroit. Les objets d'antan sont plus logiques, mieux compris, plus *sentis*, et aussi, dirai-je, plus *humains*. C'est ce qui en fait le charme et l'attirance.

La cathédrale de Namur nous montre une très belle croix reliquaire fleuronnée, et une couronne reliquaire byzantine de deux saintes épines avec son écrin d'un travail occidental grandement intéressant.

De l'église Notre-Dame de Tongres, un buste de sainte

Pinose en cuivre doré et repoussé, la tête, en métal peint, ceinte d'une couronne fleuronnée, un gros cabochon entouré de feuillages et de fleurs, serti sur la poitrine.

M. Albert von Oppenheim a installé une vitrine remarquable, emplie d'objets de grande valeur, au milieu desquels une vierge merveilleuse en ivoire colorié, candide comme un Memling, assise en un fauteuil et tenant le Bambin Adorable sur son giron. Chaste et frêle, la poitrine pudique, elle est vêtue de draperies aux plis raides. L'ivoire a acquis un ton ancien et les coloriages qu'on y a appliqués s'atténuent doucement.

L'église de Hal a envoyé la somptueuse couronne de sa vierge miraculeuse, datant du XVe siècle.

A côté des châsses, des reliquaires, des ostensoirs, les croix, en belle collection, étendent leurs bras sacrés. Croix grecques, croix latines, croix romanes, croix d'autel, croix processionnelles, toutes les variétés du symbole de la foi chrétienne, les unes à simple, les autres à double croisillon, avec des richesses d'or et d'argent et de pierres précieuses ; quelques-unes bien anciennes, trapues et sévères, émaillées sur leur âme de vieux bois brunâtre d'émaux naïfs, évoquent la primitive religion sombre, concentrée sous les cryptes des époques romanes ; d'autres sont en cuivre rouge avec des christs en haut relief sous auvent, et, sur deux branches se détachant du socle, des statuettes de Vierge et de saint Jean gothiques ; d'autres disent le faste des siècles postérieurs, opulentes, d'argent massif, somptueusement ornementées et prêtes à s'ériger dans la splendeur des cérémonies, rayonnantes au soleil tamisé par les vitraux des cathédrales, parmi les volutes suaves de l'encens.

Citons la belle collection de M. Gustave Vermeersch, et spécialement ses trois petites châsses de travail limousin, et son remarquable chef reliquaire d'une sainte couronnée, en chêne polychromé et doré, du XVe siècle.

Signalons encore, parmi les choses religieuses, la croix fleurdelisée de l'église de Notre-Dame, à Walcourt; le reliquaire triptyque de l'église de Sainte-Croix, à Liége ; le reliquaire triptyque de la Vraie Croix appartenant à l'église de Notre-Dame à Tongres ; et aussi, un exquis bénitier du ciseleur montois de Bettignies, appartenant à Mme la comtesse Charles van der Burch, un vrai bénitier de marquise Pompadour, avec un baptême de Christ en joli relief XVIIIe siècle, sur-monté d'anges adorablement coquets : les personnages de Watteau y tremperaient leurs doigts délicats avant de faire leurs peu sérieuses dévotions.

Encore : le tabernacle de l'église de Bocholt ; les fonts bap-tismaux de l'église Saint-Martin, à Hal ; puis les lutrins abondent. Aigles, griffons en laiton soutenant des pupitres et des chandeliers et posant leurs serres sur des socles massifs, avec des tiges profilées en balustres, des ornements faits d'animaux fantastiques, de lions couchés, de chimères ; un vrai congrès de lutrins que domine l'immense chandelier pascal de l'église de Léau et ses hautes branches tordues sou-tenant un beau Christ entre un saint Jean et une sainte Marie-Madeleine. Il est flanqué d'un saint Léonard et le sommet de la croix se termine en bassin muni d'une pointe pour recevoir le cierge pascal.

Enfin, après avoir attiré l'attention sur la grille en cuivre jaune de l'église Saint-Jacques, à Louvain, et sur la collection des chandeliers, des girandoles, des lustres, des aiguières, des aquamaniles, des bassins d'offrande, des encensoirs, voyons les vêtements sacerdotaux. Ils sont nombreux : chasubles en étoffes brochées d'or, en velours rouge, en soies fastueuses, avec bandes d'orfroi où éclosent des fleurons mystiques et se convulsionnent des images saignantes de Christ ; chapes en velours, en brocart aux triomphantes broderies ; dalmatiques en velours de Gênes ; étoles, manipules, huméraux, mitres de soie précieuse, gants d'archevêques et d'abbés, voiles de carême, aumônières, dais de procession. Voilà l'opulente garde-robe des cathédrales et des abbayes. Les plus beaux objets de cette classe sont : l'ornement sacerdotal de l'église de Saint-Christophe, à Londerzeel, avec l'admirable dessin du chaperon représentant la résurrection et l'apparition du Christ à sa mère ; la chape dite « de saint Liévin » de la

cathédrale de Saint-Bavon, à Gand, l'une des plus belles pro-
ductions de l'art du brodeur au XVIe siècle; le devant d'autel
en velours rouge de l'église Saint-Martin, à Liége, les aumônières de l'église de Notre-Dame, à Tongres, admirablement
décorées, les chasubles de Thomas Becket et de saint Ber-
nard.

Tels, en résumé, les objets d'église exposés. Certes, ils sont
nombreux, et dans notre énumération bien de belles choses
auront été passées. Mais il faudrait un volume — et que de
connaissances spéciales ! — pour dire toutes les merveilles qui
sont là et en analyser les beautés. Car c'est un rappel prodigieux de toutes les époques de l'Eglise, une résurrection artiste
et splendide des croyances passées, des belles périodes du
culte catholique. Ces objets d'art amoncelés racontent bien
mieux la grandeur et la puissance de la religion en les siècles
derniers que ne pourraient l'exprimer tous les discours des
prédicateurs et les écrits des historiens.

Les objets *civils*. C'est le côté réservé aux collectionneurs.
Des maniaques, dit-on. Mais, au milieu de la banalité
moderne, n'est-ce pas un plaisir très spirituel que de contempler ces objets d'antan? Et quel dilettantisme de vivre au
milieu de choses qui, outre leur beauté et leur caractère,
possèdent aussi ce charme, exquis comme un parfum mourant, cette mélancolie de l'ancienneté. Meubles, porcelaines, bijoux, miniatures, éventails, habits, — des souvenirs de vies depuis longtemps éteintes semblent dormir
en leurs ors ternis, leurs chênes devenus noirs, leurs couleurs fanées.

De ce côté encore l'exposition est nombreuse, riche et belle.
Et nous ne pouvons donner qu'une mention rapide de ce qu'on
y rencontre d'intéressant.

La Bibliothèque royale expose une série de manuscrits
ornés, choisis comme types divers de l'art décoratif du livre
au XIVe et au XVe siècles. Quelques bibliothèques de Tournai,
et quelques bibliothèques privées se sont jointes à elle et ont
réuni une collection magnifique de livres d'heures, de psaul-
tiers, de missels, de digestes, de chroniques où d'admirables

et fines miniatures, ayant toutes les beautés des tableaux gothiques, s'enluminent sur des fonds d'or aujourd'hui impossibles à refaire.

Plus loin, une belle vitrine d'habits et de gilets Louis XIV, Régence, Louis XVI. L'âge d'or des habits, certes, ces époques. La mode laissait beaucoup à la fantaisie et au goût de chacun. Sur ces teintes veloutées de Gênes, quels capricieux dessins d'or et de fleurs mêlées à des marcassites, enchâssant des boutons de luxe et enguirlandant les palettes des poches. A la collection remarquable de M. Albert Glibert les honneurs de cette vitrine. Elle renferme la plus belle pièce : un habit Louis XVI en velours épinglé, avec broderies de coloris vif : des myosotis enlacés à des sortes d'immortelles. C'est là parure de grand seigneur, à laquelle on ne peut guère comparer que l'habit, également de velours épinglé et Louis XVI, appartenant au duc de Beaufort, et bordé d'un dessin très léger : plumes et fleurs entrelacées en broderie remarquable.

Voici l'éventail! Que de grâces évoque ce bibelot! Le piquant des sourires qu'il dérobe, l'attrait des regards qui s'embusquent derrière son balancé ondulant, la légèreté des mots doux qu'il entend chuchoter, la grâce des rêveries qu'il évente, les carnations des joues qu'il effleure. C'est l'objet féminin par excellence. L'époque Louis XVI a le mieux compris l'éventail. Voyez celui appartenant à Mme Lambert-de Rothschild, d'un pur Louis XVI et représentant *l'Hyménée*. Quelle délicatesse et quelle légèreté! D'autres encore charment, nombreux, étalés sur leurs branches d'ivoire ou de nacre. Quelques-uns en vernis Martin, profilent, dans leurs médaillons, des personnages de la comédie italienne. Mais c'est la mythologie surtout qui fournit les motifs de décoration : une mythologie de boudoir, efféminée et piquante.

Voici, près des éventails, toute une richesse de montres, de miniatures, de colliers, de pendeloques, de médaillons, de bonbonnières, de tabatières, de bagues, de châtelaines, de médailles, de plaquettes en bronze, de plaques repoussées..... qu'en dire? Chacun de ces minimes objets possède un attrait ; les bijoux ont un cachet qui retient et ravit ; ces vieilles parures de famille, ces joyaux des belles dames d'antan, et ces vieilles bagues d'évêques, qui *enjoaillaient* le geste de la bénédiction ! Les plus belles collections, en ce genre, sont celles de MM. Edward Joseph, de Londres, et Édouard André, de Paris.

Mais il faut se hâter — se contenter de signaler la collection des instruments de musique, parmi lesquels de nombreux Antoine Stradivari, et quelques vieux clavecins, dont les cordes plaintives ne donnent plus que des sons éteints, ineffablement archaïques, les vieux clavecins sur le clavier jauni desquels les doigtés blancs de nos aïeules arpégeaient de si dansantes gavottes. Puis les curieux colliers des gildes en argent ciselé, avec des plaques à dessins, des médaillons ajourés, des chaînons de fantaisie, rappelant les cérémonies des corporations, si nombreuses en nos pays, des colliers pareils à celui que porte Abraham Grapheus, le vieux knape de saint Luc, en le portrait signé Corneille De Vos. Aussi les armes : les panoplies d'épées et de sabres, de dagues, de poignards, de stylets aux lames aiguës ; au milieu d'eux les arbriers des arbalètes s'arquent, les crics ornés de scènes de chasse, les pistolets mettent leurs canons damasquinés et leurs crosses incrustées d'ivoire, avec dans l'emmêlement des lames et des aciers, des poudrières çà et là pendues. Encore les dentelles parmi lesquelles le voile de Notre-Dame de Hal, les vieilles dentelles au fuseau de Brabant et des Flandres.

Parmi les faïences, les porcelaines, les biscuits, les grès, les plus belles collections sont celles de MM. Evenepoel et de M. Somzé, déjà exposées en 1880 et bien connues. Les faïences italiennes, aux couleurs si franches, aux reflets métalliques, avec des jaunes de miel et des bleus violents, de M. Somzé, sont remarquables.

Empruntons à *l'Art moderne* le croquis de cette partie de l'exposition : « Quelques collections de choix, en ces sélections d'art précieusement recueillies, saillent. Dans de larges vitrines, dès l'entrée, se dresse la basse-cour multicolore des céramiques bruxelloises : coqs diaprés comme des tulipes, dindons faisant la roue, pigeons au plumage d'émail, et si drôles, et si naïfs. Plus loin, des couvées de poussins, et de grimaçantes hures de sangliers, voisinant avec de fantastiques dorades et des barbeaux revêches. Tout ce petit monde lâché parmi la débandade des assiettées de figues, de radis, de noix, d'amandes, et des bottes d'asperges, et des platées d'œufs durs, évoquant des souvenirs de grosses farces animant le repas, jadis, dans les salles à manger flamandes aux lambris de chêne, de rires soudains aux méprises de l'hôte.

« Plus loin, les services de vieux Tournai sollicitent les visiteurs, la polychromie de leur décor rayonnant irradié en feux d'artifice étincelants. Et les Sept-Fontaines, bijoux de pâte délicate, bustes, figurines, médaillons, et la joyeuse ronde des bergers en biscuit, des pastourelles et des pâtres se poursuivant dans les feuillages menus de paysages en guipures. Et les Sèvres, et les Saxe, et les Delft, mêlant l'élégance et l'affèterie du siècle passé aux formes pansues et balourdes des conceptions hollandaises. O les inoubliables Delft à fond noir, d'où se détachent des fusées éblouissantes !

« Non loin des faïences et des porcelaines aux colorations violentes, luisent, dans leur éclat évocatif de tables aristocratiques, d'intérieurs somptueux, les argenteries : plats, légumiers, soupières, candélabres, façonnés en rinceaux, en coquilles, chiffrés, armoriés, ciselés, agrémentés de sculptures, décorés de devises, et aussi les ustensiles de bouche en étain, merveilleux de proportions harmonieuses, et rappelant, à côté des richesses voisines, le luxe cossu et sans morgue de la bourgeoisie d'autrefois. »

Çà et là, dans cette exposition si variée d'objets luxueux, entre ces étals de bijoux ou de porcelaines, de grandes horloges dorées et bellement décoratives marquent les heures sur des cadrans à incrustations par des aiguilles ouvrées. Et des bahuts massifs et carrés—chefs-d'œuvre peut-être de quelques compagnons des anciennes corporations— comme des troncs de chêne dans une forêt d'automne aux ors incendiés de rouge, de vert pâle, de bronze, aux végétations multicolores avec des trouées d'azur, dans ce fouillis de choses disparates, mettent des notes plus sombres et plus solides. Puis aux murailles, des anciennes tapisseries. *Le Christ mis au tombeau,* du XVIᵉ siècle, tapisserie en laine, soie et or, au coloris très passé, reproduit en une bordure de rinceaux, fleurs et fruits dans lesquels se jouent des enfants, un tableau de Van Orley. Les tapisseries de Bruxelles se distinguent par la richesse savoureuse de leurs bordures. Les deux plus belles, appartenant à M. Tulpinck, de Paris, à sujets tirés de l'antique et signés Henri Rydams et Jan Van Leefdael, ont bordures larges, surchargées de trophées de musique, de fleurs épandues, de fruits mûrs, au milieu desquels des cuirasses et des roues de paons, avec çà et là le rire d'un ange joufflu. Le mobilier national français a envoyé notamment deux tapisseries exécutées d'après les cartons de Raphaël, qui ont grand caractère, sévère et sobre; puis une *Bataille,* emplie de vigueur et de relief puissant, tirée de la tenture de « Constantin »; enfin, deux tapisseries de la tenture « d'Esther ». Celles-ci, avec bordure genre rocaille, jaune ombrée, sont magnifiques de dessin, de composition, de coloris. Une fête, ces scènes d'un orientalisme de fantaisie XVIIIᵉ siècle, dans des jardins décoratifs où des colonnades s'érigent parmi les peupliers, avec un faste théâtral dans les vêtements, tandis que fume un festin de satrape, autour duquel des esclaves s'empressent.

Pour finir, une visite aux petites salles installées sur le côté de l'Exposition, entre les lourdes et trapues colonnes de pierre. Une série de petits tableaux pleins de caractère.

D'abord, une cuisine — une cuisine meublée anciennement, de buffets à corps supérieur vitré dans lequel s'alignent des Delft au bleu éclatant. Sur les tables massives, aux pieds en balustres, des moulins à café, des brocs, des cuvettes, des paniers en cuivre. Dans un coin une vieille pendule frisonne tictaque. Çà et là pendent des grés bleus ou bruns à panse historiée : cruches, pintes, cruchons; du plafond descendent des cages en cuivre ou en porcelaine. Sous la cheminée où posent de massifs chandeliers, et de solides lanternes, toute la chaudronnerie propre, luisante, appétissante des anciennes ménagères hollandaises; des marmites accrochent la lumière, des chaudrons de cuivre rouge resplendissent, des bassinoires reluisent, des grils en fer battu, des landiers, des fourches à jambon attendent les flammes. C'est un coin charmant, calme, — un Koedyck. On y mettrait le béguin d'une cuisinière des siècles passés, dans une lumière chaude, au milieu de rôtisseries flambantes, et d'odeurs de mangeailles qui cuisent. On imaginerait, sur ces lourdes tables de cuisines, des naturemorte savoureuses.

Puis une salle XVe siècle. C'est la sombreur gothique. Le mobilier est sévère. Les bahuts sont ornementés d'abraesques et d'écussons. On dirait la figure humaine, trop méprisable, bannie de la décoration. Les seules statuettes qui flanquent les panneaux des crédences sont celles d'anges et de vierges, raides et mystiques. Tout est imprégné de religion. Les tiroirs aux ferrures lourdes semblent faits pour les missels, les chaises pour les agenouillements, et les fauteuils à haut dossier paraissent ouvrir leurs accoudoirs à des méditations pieuses. Des vieilles tapisseries déteintes où pâlissent des vierges pleureuses et où des Christs prennent des tons d'ivoire sale, pendent aux murailles.

Une salle XVIe siècle. C'est la Renaissance. Sur les Gobelins, maintenant, des guerriers casqués lourdement et plantés sur des chars romains, mènent, sous la tutelle des divinités olympiennes, d'écumants coursiers et brandissent des javelots ; des nymphes saillent des roseaux. Le Dieu Pan réveillé, sautillant sur ses pattes de bouc, le ventre plein, un air de flûte sur ses lèvres, a violé la vierge gothique. C'est l'effort pour se dégager des ultimes raideurs et chastetés des siècles précédents ; c'est une vie enrichie de sang nouveau et généreux qui déborde : la chair, le nu réapparaissent, avec le goût d'un faste païen. Les figures chimériques, aux panneaux bruns des bahuts, n'ont pas honte de se montrer bellement déshabillées. Et Vénus, aux seins harmonieux, étoile à nouveau le ciel de l'art — où seules s'adoraient les Madones Tristes.

Une salle XVIIe siècle. Il semble que la solennité pompeuse de Louis XIV pèse sur son siècle entier. Les meubles s'alourdissent, les corniches s'appesantissent : tout a l'aspect noble et compassé. En ce salon aux baldaquins cérémonieux, aux colonnes torses, n'imaginerait-on pas, grave sous sa perruque, empli de l'importance de ses quartiers, un seigneur à gilet de satin retombant sur les cuisses, une grande canne à pommeau précieux à la main, répétant les saluts qu'il fera au Roi Soleil ? Et n'assiérait-on pas, en sa longue soie aux plis noblement cassés, une suivante de Marie-Thérèse à ce scriban où Boule a incrusté de l'argent et de la nacre de perles, et des miniatures représentant des épisodes de guerre ?

Enfin les deux dernières salles nous disent le siècle des Watteau. Le siècle mignard, aux bergeries poudrerizées. Le siècle des éventails, des mouches et des madrigaux. Il semble là fragile comme ces statuettes de porcelaine si pimpantes en ces bahuts où sont sculptés, avec tant de délicatesse et d'exquisité dans les caprices des rinceaux, des allégories bucoliques et des trophées. Un sourire fin, pimenté de folie badine, joliment étourdi, papillonne encore sur ces choses d'aristocratique décadence. Une conversation de marquises voltige parmi ces fauteuils et ces chaises où, sur des tapisseries au petit point, l'on voit des élégants à mollet bien cambré adorer des bergères à houlettes enrubannées, de jeunes décolletées aux seins fripons tromper de vieux barbons, des arlequins folâtres, et des airs de chalumeau inventés par des gardeurs de chèvres !

Septembre 1888.

La Fuite en Égypte

d'après des peintres anciens.

A Georges Eekhoud.

Où, l'été durant, mûrissaient les blés, sous l'ardeur des blonds soleils, la neige est tombée, muette et lente. Les nuages ont voilé le ciel, et rasent le sol, à l'horizon, où des moulins s'encapuchonnent de blanc et des arbres dépouillés de leurs toisons vertes se dressent, frileux comme des brebis tondues, sur le firmament de gel.

La neige emplit les ornières, efface les sentiers : aux gouttières elle laisse pendre des stalactites, larmes glacées ; après avoir éteint l'or du chaume des toitures, elle fond autour des cheminées qui fument.

Le ciel a pleuré toute son hermine, et dès que le dernier tourbillon se fut apaisé dans la candeur de la terre immensément blanchie, les volets se sont ouverts, les portes se sont entrebâillées, et le village a miré sa parure neuve dans cet éblouissement scintillant, où chantent mieux, lilialement encadrés, les murs bruns, aux bruns de hareng saur, des maisonnettes, les granges aux murailles beurrées, le jaune onctueux de l'église et les gris féodaux des pierres du castel. Et voilà maculé le grand manteau chaste et pur, plus candide que celui de sainte Catherine, la patronne des filles vierges.

Maintenant, ternissant le pâle silence, des sentes partent du seuil des maisons, tracées par les pas. La glace de l'étang, au cristal diamanté, est griffée : des traîneaux en bois la rayent, emplis de la joie lourde de visages joufflus. Des marmots, la tignasse ébouriffée, essaient des glissades, se jettent des boules qui éclatent, comme des pots de bière lancés aux têtes dans les querelles de cabaret, ou bien, en un coin, cyniquement, ils brunissent la neige. Des oiseaux, à coups d'ailes, éparpillent, jaloux de ces joyaux, les paillettes de grésil qui constellent les saules, et les ménagères, à renfort de balais, refoulent dans la rigole le tapis moelleux et innocent, pareil au duvet d'un cygne occis, et le mêlent aux épluchures des légumes et aux cendres versées sur le chemin. D'un grenier, profitant de l'accalmie, on descend des bottes de paille : des coqs et des poules picorent à l'entour. Les fumiers, dans les cours, trouent la neige d'une tache de purin, tandis qu'un porc qu'on égorge hurle, avec un gigottement de ses pattes, et ensanglante le sol.

C'est bon, par les hivers mélancoliques aux cieux gris, de se piéter dans les chaumières, comme en des nids, près des foyers qui flambent. Des reflets dansent aux fenêtres : on les voit rougissant, dans l'intimité chaude des intérieurs, les poutres enfumées des plafonds, et leur éclat semble lécher gourmandement les jambons et les fêves qui pendent, près d'une cage à pinson. On jette sans cesse, sous la haute cheminée, du bois sec qui chante en brûlant vif, comme un hérétique : à travers le village des tâcherons passent, ployant sous d'immenses fagots. Et, sus l'âtre, dans une marmite dont les flammes lèchent le cul noirci, une soupe grasse bout, épandant entre les murailles une odeur de choux qui cuisent, saucés de couennes. Le temps est venu d'engouffrer les saucisses, de faire rissoler les boudins, de ravitailler ses tripes à généreuses cuillérées, de se rincer le gosier au bec des pintes. C'est l'époque des veillées, où, au ron-ron des rouets, aux lueurs des chandelles, on vide les caves, avec des rires larges, des lippes reluisantes ; on lutte contre le gel du dehors à coups de pots écumeux vidés à fond, à coups d'assiettées au fumet réconfortant nettoyées tellement que reluisent à neuf les dessins bleus de la faïence. Dans quelques jours, Noël soufflera ses chansons d'orgue à travers la neige, avec ses cantiques, et ses anges si beaux mangeant de la divine pape au riz en des cuillers de vermeil ; puis, ce sera la fête des Roys, ses bombances, ses gâteaux mirifiques et sa beuverie au Roy de la fève, — et des orchestres battant sur le cuivre des casseroles, et des pincettes, drôlatiques archets râclant des grils, comme des violons.

Ainsi, en se gaussant des tristesses du ciel, on s'éjouira le ventre, on mettra de la bienfaisance plein son estomac, on enluminera sa trogne, on s'enfumera dans les cabarets, en caressant les seins des baesines rougeaudes, — jusqu'au moment où la prime note du printemps, toute douce et fine, égaiera d'une lumière d'idylle le ciel ingénu d'avril, empli de l'envolée des clochettes de Pâques. Alors, on appendra la cage à pinson au dehors, sous le rebord de la toiture, et des clématites dorées par le soleil tapisseront les façades.

Mais aujourd'hui, par ce temps de froidure, c'est le paiement de la dîme. Dans l'auberge du village, reconnaissable à sa grande façade de briques brunes surmontée d'un pignon en pointe où des pigeons volètent, à son enseigne de fer forgé où s'accroche de ses blanches pattes la neige, le percepteur s'est installé. Il est à une fenêtre ouverte, le dos à un feu qui rougit la salle et vers lequel des mains se tendent, tandis que pour se donner du cœur on boit des liqueurs plus claires que les glaces scintillantes de l'étang, et qui allument dans la bedaine un bien-être souverain.

Tous ceux du village sont venus, dans des charrettes qui ont fait crier le givre des ornières, ou bien à pied, à travers les prairies épaissies par la manne froide tombée du ciel. Sous les arbres à la chevelure argentée comme celle des vieillards, les charrettes dételées, avec des ourlets de neige, encombrent les ruelles, et des chiens compissent leurs roues. Les chevaux sont remisés dans les écuries où on leur sert forte pitance qu'ils broient à mâchoires affamées. La forge du maréchal fait résonner ses enclumes, attise ses foyers et des gamins regardent ferrer les solides juments, aux larges croupes.

Le percepteur, encadré par la fenêtre, a l'air d'un vieux juif, avec sa barbe blanche, son nez crochu, chevauché par d'énormes bésicles, et ses yeux de fouine. Il est coiffé d'un bérêt de velours et s'emmitoufle dans une riche fourrure qui préserve des catarrhes sa carcasse d'avaricieux. Ses maigres mains, pareilles à des serres d'oiseaux de proie, ramassent avidement le bel argent que le pauvre monde vient verser sur la planche installée devant lui. Son scribe, assis à sa gauche, inscrit, dans un gros registre, les recettes.

La foule frileuse se presse devant le fonctionnaire, chacun attendant son tour, les mains aux poches, battant de la semelle la neige à cette place piétinée et boueuse. Les gros buveurs de bière brune enfoncent leur bedaine dans le coude à coude impatient, où se faufilent mieux des maigres à la trogne effilée. Les chapeaux et les chaperons sont enfoncés jusqu'en dessous des oreilles et les nez sont rubiconds, piqués par la froidure. Les dos se bombent sous des manteaux marrons, rouges, merde d'oie, qui battent des genoux cagneux ou des mollets massifs. Des femmes disparaissent en de larges mantes noires, la tête perdue dans un capuchon. Les feutres à grands bords rabattus sur les nuques, les souliers salis, le bâton avec laquelle on traverse les ruisseaux gelés, donnent à quelques-uns des airs de pèlerins.

Il en est qui sont venus de très loin, des sols dans leur gousset, des sols précieux : pour les gagner il a fallu suer de grosses gouttes dans les sillons des labourés et battre l'aire des granges. Aussi, avec quelle peine les pièces d'argent se détachent des pouces pour tomber dans l'escarcelle du fisc! Ils disent à leur monnaie un adieu avide, les terriens, et leur regard suit l'éclat de l'argent jusqu'au moment où il s'engouffre dans ce sac qui se gonfle et s'arrondit, bourré d'écus comme un bailli de grand village.

Les marmots, durant le temps de la paie, prennent leurs ébats tout à l'entour, s'empoignent, se roulent dans la neige en s'arrachant leurs tignasses, ou grognent et geignent à la main de leurs mères, avec d'affreux airs de magots. Devant les auges ils taquinent les porcs dont les groins reniflent, charnus et parsemés de poils. On a allumé un grand feu, sur la place : la flamme dresse ses langues joyeuses et mord le bois qu'ap-porte une ménagère en béguin blanc. Des contribuables attendent le moment de verser leur redevance et chauffent, sous leurs justaucorps, leurs carcasses rustiques, en causant des rigueurs de l'hiver, dolents de devoir cracher au bassinet du vieil escogriffe des miettes de leur or.

Et vers l'auberge, aussi, la Sainte Famille se dirige. Saint Joseph, l'époux bienheureux marche en avant, le chapeau sur l'oreille, une longue scie à dents pointues fatiguant son épaule, un sac plein d'outils de menuiserie à son bras de manouvrier. La Vierge est assise sur un âne : une génisse l'escorte. La Mère céleste porte en ses bras le Bambin Adorable, mais, pour que ses chairs enfantines ne frissonnent pas dans l'aigreur du froid, elle le cache complètement sous son grand manteau bleu, à la virginale couleur des cieux purs. Et dans cet ample vêtement seule apparaît la figure de Marie, rayonnante du bonheur fervent de serrer un jeune dieu sur sa poitrine.

Ils traversent le village, mêlés à la foule des manants, et vont sans doute s'asseoir simplement à une table de bois et chauffer, à l'âtre de l'auberge, les petits pieds de l'enfant Jésus. Marie sortira de son corsage un sein d'une blancheur de lys, où s'appendra son fils de ses lèvres goulues et roses. On servira au saint ménage dans le plat le plus beau, une fumante portion de choux bien gras, et on empanachera le pot d'étain le plus brillant d'une écume de bière, fine comme une dentelle de robe princière et fraîche comme un rire de pucelle.

Pour payer l'écot, saint Joseph, avec ses scies et ses limes recalera quelque pièce usée du mobilier et donnera sa bénédiction. Le soir, ils partiront : mais alors le ciel sera miraculeusement éclairé, d'un bleu mourant de crépuscule, et la lune, sur un tel firmament, sera comme une broche merveilleuse agrafée au corsage de soie d'une châtelaine.

Avril 1889.

Le Massacre des Innocents

d'après Breughel.

A Francis Nautet.

Le dernier tintement de la cloche annonçant la bénédiction qui termine la messe s'est éteint dans la froidure d'un dimanche d'hiver.

Le ciel apuré se troue par places d'un bleu à la douceur angélique, et le village, couvert de neige, repose dans une chasteté. La fumée des chaumières monte tout droit. Les portes sont closes : on attend l'angelus, qui sonne l'heure du repas. Mais l'église est encore recueillie ; seuls des moineaux criaillent et font, à coups d'ailes, voleter la neige qui ouate les abat-son.

C'est la paix dominicale.

Soudain, une sonnerie de trompettes. Elle éclate là-bas, à l'entrée du village.

Une cavalerie de soudards apparaît avec une oriflamme rose où une croix étend les bras.

En avant, deux trompettes à figures d'ivrognes, vêtus de pourpoints jaune et noir, bien plantés dans des bottes piquées de lourds éperons, le nez rougi par la gelée.

Un vieillard suit, chevauchant une monture couleur de lait. Il a, vêtu d'une longue robe noire, l'air impassible d'un justicier, et un méchant sourire scelle ses lèvres pâles. A son côté, un élégant seigneur, l'aigle impérial brodé sur sa poitrine, des plumes multicolores au chapeau, fait caracoler son cheval pie, comme enivré de l'atmosphère claire et vibrante.

S'avance alors un groupe de cavaliers en casaques d'un beau

vermillon, des épées à larges poignées au côté, des poudrières et des gourdes à l'épaule.

Mais le gros de la cavalerie est formé de guerriers en puissantes armures, tout bardés d'acier, leur lance au poing. Les visières des casques sont mi-rabattues, les mentonnières levées. Ils marchent, serrés les uns contre les autres, comme une muraille de fer, et du sabot de leurs cavales violent la neige.

Arrêté devant l'église, le vieux justicier, entouré de son escorte, proclama, après un appel des trompettes, que le roi Hérode avait reçu à Jérusalem des sages d'Orient. Ils étaient venus pour adorer le roi des Juifs, dont ils avaient vu l'étoile en leurs pays lointains, et ils s'informaient du lieu de sa naissance. Le roi Hérode, troublé, assembla tous les principaux sacrificateurs et les scribes du peuple pour savoir d'eux où le Christ devait naître. Et quand il sut que c'était en ses états, il prit un rescrit ordonnant que, dans tout son royaume, les enfants depuis l'âge de deux ans et au dessous seraient occis.

Le vieux justicier, ayant lu le rescrit, où pendaient des cachets de cire, fit un signe aux gens d'armes. Ils sautèrent de cheval, et les montures allèrent, les étriers ballants, s'arrêter immobiles auprès des troncs des arbres.

Le vieillard, cependant, resta sur place, gardé par un groupe des cavaliers couverts d'armures.

Et ce fut, dans le village réveillé du midi dominical et parfumé encore de l'encens de la messe, le massacre des innocents.

Sur les âtres, de grandes marmites, où des soupes cuisaient embaumées par le lard, envoyaient de délicieux fumets aux crucifix ornant les cheminées, comme des cassolettes allumées pour l'adoration. En des fermes riches, celles dont les granges regorgent de gerbes d'or, on avait jeté des boudins blancs dans la poële, pour la fête du dimanche, et dépendu les jambons des poutres de la cuisine. Sur les tables de chêne, à côté des grandes assiettes où sont représentées en bleu flamand des épisodes du saint Évangile, posaient des brocs, des pintes, des cruches en grès, coiffés de la murmurante écume qui ouvre un paradis de fraîcheur au gosier. Les horloges tictaquaient et, par les petits carreaux des fenêtres, arrivait la clarté de la neige baisée par les rayons. En béguin blanc, les ménagères surveillaient les cuissons, la trogne rougie au foyer. Sur le sol, les enfançons jouaient, avec des ébats joufflus et des rires montrant leurs dents nouvelles. Leurs chairs, encore de lait, s'encoloraient déjà comme les feuilles des roses à leur premier matin. Ils se roulaient, leurs menottes poupines dans leurs tignasses jaunes, en montrant leurs fesses dodues. Certains, assis sur leurs chaises de bois, s'empiffraient de pape ; d'autres tétaient aux fleurs des seins maternels ; à d'autres on apurait les langes. Et le midi prochain, le soleil étant tout au haut du ciel, ajoutait une savoureuse attente aux odeurs de la mangeaille que les flammes, langues gourmandes, léchaient ardemment.

Aux sons des trompettes, les rustauds qui se chauffaient les cuisses à l'âtre, en regardant les braises étinceler, étaient accourus, — et ils s'enfuirent à la lecture de l'arrêt, avec des gestes de terreur.

Mais les soudards, le glaive tiré ou brandissant des hallebardes, pénètrent aussitôt en les chaumières et les fermes, où les petits enfants vagissaient ou dormaient en leurs berceaux, sous la protection d'une sainte image clouée au mur, et ils les tuent.

C'est comme du sang de chérubin qui coule bientôt partout. Les chiens hurlent, et les mères lèvent les bras au ciel, où s'envolent les oiseaux. Elles courent à travers champs, le fardeau de leur géniture serré contre leurs seins, pareilles à des truies dont on ravit les pourceaux aux soies roses, pour les cuire au lait, lors des fêtes de Noël. Elles s'agenouillent aux pieds des bourreaux, implorantes, ainsi que devant l'autel de Sainte Marie, quand mai vêt les pommiers de fleurs. L'une prie sur le cadavre de son enfant, qui gît nu, une plaie au sein, — et des larmes ruissellent sur son masque dolent.

Mais rien n'arrête la fureur des barbares ; les révoltes sont impuissantes devant les piques, et les lamentations se brisent aux cuirasses. Des varlets d'armée, juchés sur des tonneaux, enfoncent à coups de poutres les volets fermés et pénètrent, une hache au poing, dans les maisons en vain closes à grosses serrures. D'autres portent au bout du bras, comme des coqs prêts à être égorgés, des enfants, qui embrennent la neige. En voilà piquant de leurs lances les pauvrets emmaillotés : de même ils enlèveraient une botte de foin au bout d'une fourche. Le sol est parsemé de langes rougis et de mignons bonnets. De loin, les escrimes des hallebardes, les hennissements des chevaux, les casaques bariolées des soldats faisant chanter leurs vermillons, leurs roux dorés, leurs verts pomme, variés de lilas et de jaune, sur le linceul qui couvre la terre, le scintillement joyeux des glaives, agités comme des battes, les éclats des trompettes sonnant des ordres, l'allure désordonnée de la foule aux gesticulations insolites et bizarres, donnent à l'infanticide un air de carnaval. Autour de l'élégant cavalier, dont les plumes, ainsi qu'une bannière, voltigent par le massacre, c'est un groupe désolé de parents, dans leurs costumes sombres d'hiver. Navrés, ils tordent leurs mains jointes, des pleurs défigurant leurs visages, leurs cheveux ébouriffés par l'affolement. Mais le prince fait un geste, indiquant la vanité de leurs prières et de leurs supplications.

Tous les marmots périront. Leurs âmes monteront d'ailleurs au ciel, ainsi que les fumées des encensoirs, et luiront près de l'étoile qui a guidé les Mages. Tandis que leurs chairs, chastes comme des lys de la Vierge, s'anéantiront doucement sous la terre du cimetière, mouillée par les derniers sanglots, leurs esprits, vers lesquels s'élèveront désormais les *ave* des mères, se baigneront dans la lumière divine du paradis réservé aux martyrs. Ils s'assoiront, nimbés de gloire blanche, à la table angélique où l'on sert des mets merveilleux. Ils chanteront des noëls et seront pareils à des fleurs de Pâques.

Et leur sang aura été versé bien inutilement. Car un ange est apparu à saint Joseph et lui a dit : « Lève-toi, et prends le petit enfant et sa mère, et t'enfuis en Égypte, et reste là jusqu'à ce que je te le dise ; car Hérode cherchera le petit enfant pour le faire mourir ».

Mais les soudards abandonnent le village, semblable à un nid dont un rapace vient de ravir les oisillons. Ils disparaissent, en essuyant les lames rougies de leurs épées, dans la plaine éclatante de blancheur, le long des saulées aux dentelles de givre, sous les ailes engourdies des moulins. Quelques-uns boivent à des gourdes, pour se réconforter contre le froid. En avant, le jeune seigneur aux plumes magnifiques, se fait une visière de la main pour mieux apercevoir le clocher le plus proche : celui-ci se dresse sur un ciel éblouissant d'azur, qui paraît s'être mis en fête pour accueillir les Innocents.

Mai 1889.

La Nativité de Notre-Seigneur

d'après d'anciens Flamands

A Fernand Brouez.

Bethléhem était un village aux huttes maçonnées de glaise et blotties sous des chaumes bronzés par les chaleurs et rongés par les mousses aux verts d'émeraude. Des moulins y battaient le ciel de leurs ailes folles par les temps de bise, et, durant l'époque des cueillettes, des coquelicots y saignaient dans l'opulence des moissons. Avec la tour de son église, sonnant des angelus pieusement ouïs, son Calvaire où notre bon Dieu agonisait, une plaie aux côtes, et ses Notre Dame hissées aux ormes et idolâtrées, les nuits de mai, par des cires brûlant au clair des étoiles, — c'était un village très dévot, car Jésus l'élut pour lieu de sa naissance.

Ce fut un soir de Noël. Par les chemins, des rondes de marmots, tignasse au vent, tournaient, malgré la neige tombée. Les cabarets jetaient leur reflet rouge au sol blanchi. Dans les intérieurs, piqués de points ignés par les pipes, les bières gonflaient les panses, et des baesines, les seins crevant leurs corsages délacés en la beuverie, caressaient le menton à des gaillards clignant de l'œil sous un béret crânement orné d'une plume. Tout le jour avaient résonné, doux comme chants de rossignols au temps d'amour, le rissolement des beurrées et les cris des boudins en poële. Une odeur de mangeaille flottait dans la nuitée : le parfum des crêpes rondes et dorées, rappelant les écus où l'on frappe les effigies des empereurs, le fumet des jambons et celui des omelettes, l'émanation des tartes de kermesse. Aussi des manants trop gavés se soulageaient, brayettes bas, dans les coins ; et le long des murs, avec des gestes lourdauds, une fumée d'hydromel au cerveau, des magots en veston brun titubaient, saisis par la soudaine froidure.

Vers minuit, l'atmosphère devint d'une grande douceur. On se fût cru au temps où les toitures s'enguirlandent de vignes. Les plaines blanches, où des saules, penchés sur les ruisseaux gelés, pleuraient leur givre, s'éclairèrent d'une belle douceur de lune. Déjà s'éteignaient les bruits de fête de Noël. Quelques enfants, pourtant, chantaient encore des cantiques. Le Christ venait de naître.

Là-bas, dans une étable, une crèche lui sert de berceau. De son haleine, une vache le réchauffe. Il est tout nu, la tête grosse ombrée d'un très léger duvet ; une bande de nombril lui captive le ventre. Des langes salis s'éparpillent sur le sol, près d'une cuve où Marie a lavé la peau rouge du frais éclos et la mollesse de ses membres, où s'imprime encore le moule de la matrice.

Il dort, les paupières lourdes, les veines gonflées, et ses bras mignons se replient, comme par un geste apeuré. Juchée au dessus de lui, dans la mangeoire et noircissant les poutres du plafond, une lampe, à flamme large et folle, fait danser les ombres sur les murs, qu'elle éclaire d'un jour fumeux, mettant aux coins obscurs, où pendent divers ustensiles, une pénombre rousse. Luminaire inutile, — car l'enfant rayonne d'une aurore mystique : la paille où il repose semble gerbe d'or, et sa mère, quand elle penche vers lui son front pâle d'accouchée, se nimbe d'un reflet du ciel. Au grenier, un coq claironne, comme si c'était matin. Mystérieusement sonne la cloche de l'église. Et l'on dirait qu'un alléluia est susurré doucement par des orgues angéliques.

Près de la porte, Saint Joseph, nourricier élu de l'Enfant, le genou sur un établi, scie, vaillant menuisier, ou rabote, afin de construire un berceau au Seigneur. Il est vêtu d'une grande blouse, telle qu'en portent les manouvriers durant leurs labeurs, et un chapeau de paille à larges bords abrite sa tête.

Quand il s'approche de la Vierge, c'est, coiffure à la main, dans une attitude de respect, et, un fervent sourire sur ses lèvres heureuses, il contemple l'Enfant nouveau né. Sur l'établi pose une cruche, et de temps en temps l'artisan sert du trèfle à la vache, en caressant ses fesses osseuses brunies par le purin.

La Vierge rayonne d'une beauté maternelle. Il semble que son cœur candide, ainsi qu'aube d'été sur les prés fleuris de marguerites, éclaire son visage. Sa chevelure, d'un bond d'épi, se sépare en deux bandeaux modestes sur son front pâli par la dolence d'enfanter, et ruisselle, bouclée, sur ses épaules. Ses yeux sont chastes, et sa bouche a une fraîcheur de rose. Elle est pareille aux demoiselles, qui sortent, cils baissés, le dimanche, des castels, un missel en leurs mains rêveuses, et s'en vont aux offices. Mais l'ample manteau qui la couvre est dégrafé au corsage, afin de laisser passer le sein qui allaite Jésus.

Elle écoute, en veillant sur l'enfant, les berceuses des anges célébrant l'événement, les accords des harpes pincées par le doigté des chérubins, et les trompettes des archanges sonnant comme les cors de chasse des chevaliers. Car c'est kermesse au paradis. Des papes exquises fument sur les tables bienheureuses. Les anges, dont les ailes sont douces ainsi que celles des ramiers, et d'une blancheur de neige, dansent aux sons de chalumeaux merveilleux. En des coupes royales pétillent des ambroisies célestes ; et les vierges, des palmes en leurs mains de lumière, chantent des hymnes.

Ainsi qu'il est dit en les Evangiles que lisent les grand'mères pendant les veillées, aux ronrons des rouets, des besicles sur leurs nez de sorcières, les pâtres de Bethléhem vinrent, les premiers, adorer le Seigneur. Mais ensuite, tous les habitants furent attirés vers l'étable, qui se dressait telle qu'une chapelle, et, la nuit entière, ils s'agenouillèrent à sa porte. De celle-ci s'exhalait, d'ailleurs, une odeur fine comme celle des pommes rougissant, en octobre, les branches alourdies des vergers. Les buveurs avaient laissé leurs chopes, et le parfum divin avait chassé les gras relents des tripailles, et dissipé l'arôme des tabacs et le ferment des bières. Tous marmottaient des patenostres, mains jointes, et genoux sur le tapis d'hiver qui protégeait la terre. Il leur semblait assister à la messe solennelle, dans la cathédrale de Bruges, et ouïr les chants de triomphe qui accueillent l'apparat des chevaliers de la Toison d'or. Le bailli lui-même quitta son manoir aux girouettes de fer, alors qu'il allait ensevelir en un lit moelleux sa graisse repue et cuver son auxerre, et il s'en vint, vêtu d'un pesant manteau doublé d'hermine, les bajoues frileuses dans la nuit, faire ses dévotions.

Mais depuis que Jésus était au monde, un astre inconnu brillait à l'horizon. Il flambait mystérieusement, pareil aux langues de feu de la Pentecôte, et s'avançait au ciel. C'était l'étoile des Mages. Ceux-ci, par les plaines semées de clochers qui tous tintaient de sons recueillis, se dirigeaient vers Bethléhem. Des chameaux les escortaient, ainsi que des esclaves en costume oriental. Ils portaient, en des cassolettes d'adoration et des coffrets précieux de l'or, de l'encens et de la myrrhe, qu'ils venaient offrir à l'Enfant Jésus. Et l'étoile les précédait comme un flambeau.

Juin 1889.

Banlieue nocturne

Au parc de Laeken.

Au clair des étoiles, comme pour un duo d'amour, le décor du parc se dresse, avec ses gazons obscurs et ses massifs immobiles. Plantés dans le paysage, des réverbères glissent une lumière de coulisse aux arbres qui leur sont proches. Les chemins semés de gravier serpentent en une ténèbre embaumée de l'arôme qui s'exhale des plantes et qui monte au cerveau comme un haschisch ouvreur de rêves. Les feuillages recueillis se découpent sur un ciel clouté d'étoiles, et brûlant, par ce juin torride.

Mais le chemin s'enfonce et passe sous un vieux pont. Là, juchée sur le côtoi, une lanterne lui jette une nappe de clarté, derrière la maçonnerie aux briques effritées, dont l'arc mystérieusement s'accuse sur ce fond lumineux. La lumière est indécise : le talus, avec ses racines qui se tordent à son ventre et les fûts des arbres qui s'y dressent, a l'air d'une toile peinte, léchée du reflet d'une rampe théâtrale. Le pont conduit à une ferme, perdue en l'obscur, et il est bordé d'un grillage pareil à ceux dont on protège les dalles funèbres. Cette éclaboussure de gaz dans la nuit, en cette gorge étrange, a la sauvage harmonie d'un accord de Weber. Rien n'étonnerait, si dans le silence romantique, là-bas, derrière la ferme, — cuivrant la mélancolie de son appel, tout rouge sous le ciel aux bleus nocturnes, éclatait le cor d'Obéron.

Plus loin — par les allées ombreuses — une villa dort à la clarté des astres. Par dessus les haies arrivent un parfum de fleurs et les sanglots d'un jet d'eau. La vague caresse d'une buée passant sur le pignon de l'habitation assoupie paraît un songe qui s'envole. Et, à côté, un peuplier attend que la lune se lève et fasse ruisseler le long de son audacieuse feuillée des frissons de lueur.

Le chemin monte. Sur la hauteur, toutes les constellations s'aperçoivent. Et, près de vous, une tourelle de style gothique, qu'on dirait un grand fantôme pointu drapé d'un suaire flamboyant, se dresse. Au fond de la vallée, qui descend en larges pentes de gazons où des bouquets d'arbustes épandent des senteurs, comme des cassolettes là posées par la Nuit, le palais du Roy, dont le dôme luit vaguement sous le firmament, embusque ses ailes. Parfois une de ces mystérieuses lueurs qui tombent du ciel durant les nuits, frôle sa façade, qui reprend aussitôt son royal sommeil. Des franges de rosée traînent aux squares, et devant la grille aux opulentes ferrures, passent, arme à l'épaule, des sentinelles dont les pas scandent le cantique des grillons.

De l'autre côté, mi-cachée par la tour fantômatique de l'église de Laeken — où minuit tinte au ciel sur un bourdon, avec un son de gong — c'est Bruxelles. Mer noire, où des lanternes de bateaux pêcheurs fourmilleraient. Un murmure d'océan monte à l'horizon. Les buées de la ville paraissent des phosphorescences. Ce panorama s'enfièvre dans une nuit lointaine, pénétrée d'éclats et de rumeurs, et forme un contraste énergique avec la paix du château.

On quitte la hauteur ; et c'est la fontaine Sainte-Anne, inviteuse au repos, qui glouglloute solitairement, auprès d'une chapelle abritée de grands ormes, et entourée d'un mystère de bois sacré. L'eau de la fontaine — une vieille fontaine où l'on descend par un escalier de pierre, et qui crache son jet dans une vasque moussue, sous une inscription latine mi-effacée, — chante l'idylle de ce refuge sylvestre. Le clocheton de la chapelle se perd dans la feuillée, et un réverbère projette sur les murs blancs l'ombre des troncs voisins, que la clarté jaune caresse, mettant en relief lumineux les branches tendues vers le ciel, et prodiguant aux verdures un jour factice. On se

dirait en un *lucus* antique. Un demi dieu sommeille mystiquement dans le sanctuaire. C'est la divinité de cette source. Et
voilà qu'un rossignol empoétise encor ce coin recueilli de sa
virtuosité sans pareille, et brode sur le murmure de l'onde des
variations célestes. Son chant éclate, et trille, et tombe en
notes d'une pureté de gemme précieuse ; l'oisillon le passionne
de toute l'intensité de ses amours. Instrument merveilleux et
invisible, qui sert au subtil Pan à mettre en musique le poème
de cette nuit d'été.

Juin 1889.

Au Beuglant

Un soir — dans ces ruelles en boyaux, tordues au ventre des cités, bordées de hautes masures dont les pignons croulent dans le ciel, et piquées, ainsi que de rubis, de lanternes rouges. Au fond d'impasses, qui s'ouvrent au ras des murs enténébrés, des orgues de Barbarie moulent des valses. Des groupes obscurs, des femmes glissant sous les réverbères, battent le trottoir, parfois léchés d'un reflet jailli d'une porte qu'on ouvre.

Les musicos, au rez des façades, organisent d'aigres concerts. Les chansons se heurtent à des murs enfumés par le tabac dont les brunit un peuple attablé autour d'alcools et de bières jaunes. Çà et là une pipe attise un point igné. Des épaulettes de soldats se carrent, avec des allures conquérantes, et se trémoussent aux airs de bravoure lancés d'une voix furieuse par le baryton. Le long des bancs, des faces mornes ; à travers la fumée, des visages ternes, les yeux vaguement qui rêvent aux jardins lunaires des romances, la pupille dilatée aux lumières. Quelques gaillards, grillant des cigarettes, des rouflaquettes aux tempes, la cravate lâche, le regard vicieux sous un front pâle et brutal, sèchent des absinthes. Des filles, qui se pâment aux refrains sentimentaux, les fredonnent de lèvres fripées et peintes, le regard au plafond. A chaque strophe, c'est un tapage des mains qui claquent, des pieds qui soulèvent la poussière du plancher, des verres frappés sur les guéridons.

Les chanteuses sont assises, en mi-cercle, sur la scène, devant des coulisses aux verts factices, semés de roses, avec, au fond, un trianon peint à grosse brosse, le caprice de sa bergerie empâté par un badigeonneur : sur lui les chanteuses dressent leurs torses de filles, les épaules luisant sous l'éclat du gaz qui concentre vers les tréteaux, grâce aux projections de ses becs, toute sa clarté. Un piano et une basse servent d'orchestre — avec un tambour, parfois, que vient faire ronfler le ténor du bousin, un bellâtre, sa moustache noire comme l'encre de Chine. Le bassiste — quelque vieux à l'œil mort protégé de lunettes — s'efface en un coin près de l'escalier d'où les « artistes » descendent de la splendeur de la scène, après chaque chansonnette, faire leur tournée, tendant une coquille, où les cuivres sonnent comme en la sébile d'un aveugle. Une femme, dont les cheveux blanchissants s'échappent des dentelles d'un chapeau à plume noire flétrie, tapote des accompagnements et joue des airs de *Robert le Diable*, entre les chansons, sur un piano dont les touches sont jaunes comme ses chicots, les cordes amollies comme ses chairs de vieille.

A tour de rôle les chanteuses se lèvent des chaises où elles attendent, un châle préservant leurs bras nus, comptant leur monnaie qu'elles enfouissent en un petit cabas, avec des chuchotements entre elles, des yeux en coulisse vers un coin de la salle, des rires qu'étouffent leurs mains portées aux lèvres — et, après un salut au public, entament leurs gaudrioles.

En voilà une debout à la rampe, où flambent des becs fumeux, sa tête se détachant sur le bleu canaille du ciel du décor. Ses jupes courtes, à dessous de dentelles, montrent ses mollets — lancés parfois en l'air pour souligner un refrain leste, et emprisonnés en des maillots couleur de chair, qui se plissent aux genoux. C'est une petite trapue, aux joues mal fardées, le cou en les épaules, le bras aux jaunes graisseurs, arrondis en un geste qui a l'air de débiter des strophes. Sa robe, d'un rouge de bonnet phrygien, à volants fripés, et sous laquelle, à sa taille massive, s'arrêtent les buscs du corset, s'échancre pour montrer une poitrine grasse, aux rondeurs écrasées par les baleines. Sous les frises jus de groseille, sa voix éraillée, qu'elle s'esquinte à faire vibrer, les veines gonflées, rossignole des sons pénibles, arrachés comme à un clavier dont on aurait brisé les ivoires — une voix de noceuse, vicieuse et rongée, trouée et cassée. — Plantée sur ses jambes courtes, la garce chantonne ainsi ses musiques, pareilles au vin frelaté qu'on soiffe sur le zinc, et un prolétaire, l'œil allumé à la gorge de la chanteuse, fasciné, bouche bée en son poil d'ours, applaudit, casquette sur l'oreille, de ses abattis aux os noueux.

Juillet 1889.

Un Salon des *XX*

Le vingtisme, est-ce une école? Non, — c'est mieux que cela : un groupe d'artistes, installant chaque année un Salon, y invitant d'autres artistes, choisis parmi les plus rares, — et cela avec l'unique souci du beau.

« Ces mots en *isme*, disait Raffaëlli, sont des cris de ralliement jetés, à un moment donné, dans la circulation, et qui aident à se reconnaître, à se compter, à s'unir en vue de la défense de l'art. Rien de plus. »

Le vingtisme aura été, en Belgique, la plus libre manifestation de ce laps d'années. Les *XX*, c'est le cercle actuellement le plus vivant, le plus indépendant, — et sa bannière, toute de lumière et de foi, claque le plus bellement au firmament de l'art et taquine la réaction académique et la routine bourgeoise.

Le néo-impressionnisme prend grande part au Salon de cette année.

Les théories de M. N.-O. Rood sur les couleurs ont modifié la palette de maint peintre. Appliquée d'abord, avec sa précision mathématique, par les Seurat et les Signac, cette théorie influence les paysagistes les plus récents. Certains l'appliquent en son entièreté. D'autres, avec des restrictions.

Ainsi, M. Théo Van Rysselberghe. Son portrait de Mlle Alice Sèthe est tout bonnement ravissant. Quelle belle pureté épandue, quel charme exquis! C'est une fleur de jeunesse, dans un matinal épanouissement de rosée. Les chairs, sous la blondeur chantante des cheveux, ont une pulpe fine et délicate, avec des veloutés de pêches, d'ivoirines transparences. Elles s'illuminent d'yeux bleus au rayonnement humide, et sont fendues par une bouche à la savoureuse fraîcheur de fruit mordu. Le modèle est vêtu de soie bleue, très élégamment, dans sa pose de jolie fille, svelte et distinguée. Le bleu reluit en mille variations de nuances, moiré de satinements de lumière, sous la caresse d'un jour prodigue qui met des scintillements à de mignons souliers vernis. Mlle Sèthe s'appuie, de ses bras nus long gantés, à une console aux moulures d'or, dans une aristocratique atmosphère de boudoir, devant une haute glace qui reflète sa nuque aux cheveux frisottants; et elle voisine avec un magot japonais dressant sa silhouette d'idole exotique sur la tablette de marbre blanc.

Le portrait de Mme Edmond Picard est plus sévère. Dans une sorte de galerie, encombrée de bibelots et de cadres, elle s'avance, un petit chien sous le bras, vêtue d'une robe noire, simple toilette d'intérieur. La lumière n'a pas le charme chaud et captivant qu'elle a dans l'autre portrait, mais le visage du modèle sourit d'une vie singulière et la carnation en est aussi sanguine et pure.

Quelques marines du même peintre vibrent, sentant bon le grand air salin, faites d'écume, nacrées ainsi que de prismatiques intérieurs de coquillages. Les *Chaloupes* gagnent le large, leurs proues, éclaboussées d'onde et de soleil, fendant le jour et les flots, qui frissellissent au loin. La *Pluie fine* a une tonalité mouillée, le gris des nuées, que le vent balaie, se déchirant par dessus l'agitation des vagues. La *Digue* donne l'impression d'une après-midi tiède et dorée : c'est une fenêtre de villa, dirait-on, ouverte sur la plage que caresse la brise de mer, et sur les briques de la digue, rosies par un reflet de l'horizon, passent, en leurs costumes de fantaisie, quelques promeneurs de villégiature.

Les *Notes de voyage* emmagasinent du soleil africain. Elles sont brûlées, comme les murailles des mosquées, les larges remparts en ruines, les portes lourdes et magnifiques, avec de soudaines blancheurs de tours carrées en le firmament ardent.

Les toiles de M. Georges Seurat ne possèdent pas la même

vie, la même saveur. L'art de M. Seurat est un art de calme et de patient. Certes, ses atmosphères sont plus nettes que celles de M. Van Rysselberghe. Car il semble avoir dérobé au ciel son rayon le plus pur. Il l'encage dans son cadre blanc, et le fait chanter, comme une alouette enivrée d'espace. Mais ses paysages s'immobilisent. C'est l'acteur qui dirait, sans un geste, sans une expression de physionomie, quelque claire chanson. Et M. Seurat arrive parfois ainsi, malgré toutes ses vibrances, à d'antipathiques impressions de sécheresse. Ses *Poseuses* plaisent davantage. C'est un très grand tableau représentant trois femmes qui se déshabillent en un coin d'atelier. Ces femmes ont de la gracilité, une belle pureté de lignes; leurs chairs, bien modelées, ont quasi de classiques contours.

De M. Pissarro, voici différentes toiles, dont la plus ancienne est datée de 1879, et qui montrent l'évolution progressive du pinceau de l'artiste vers le néo-impressionnisme. Depuis la *Fenaison* jusqu'au *Brouillard de la Seine*, quelle méthodique épuration ! Ce dernier tableau est peut-être le plus lumineux de toute l'exposition. C'est là qu'il y a le plus de jour condensé ; un jour laiteux et humide de matinée brumeuse, planant sur la nappe d'eau, si calme, de la Seine, quelques mâts de bateaux amarrés fondus dans le brouillard.

Ces trois artistes, avec MM. Henry Van de Velde, Jan Toorop et Wilson Steer, sont les plus intéressants parmi les chercheurs de lumière représentés à ce Salon. « Le XIXᵉ siècle, disent les Goncourt, a opéré l'humanité de la cataracte. Un exemple bien frappant. Jean-Jacques Rousseau, le descriptif, a passé à Venise, sans être plus touché par la féerie du décor et la poésie du milieu, que s'il avait été secrétaire d'ambassade à Pontoise ». Il est vrai que le paysage est surtout de notre siècle. Maintenant on veut l'âme même du pays. Voilà chantés tous les charmes robustes de la rusticité et les gloires telluriques, depuis la sévère solennité des hautes futaies jusqu'aux murmurantes idylles des sources. Et, il semble qu'on arrive, dans l'opération dont parlent les Goncourt, au moment où l'on nettoie l'œil. C'est la lumière qu'on cherche, la lumière pour elle, pour sa joie, sa vibration, son rayonnement; et cette soif aiguë de jour a bouleversé la manière même de peindre et a fait inaugurer un procédé nouveau. Certes, les questions de procédé sont toujours très accessoires en art; et sans prétendre que le *pointillé*, système fondé sur la division des tons, persistera, nous n'en retiendrons qu'une chose, c'est sa tendance vers les horizons purs et vibrants, et son influence sur les jeunes artistes. Le *pointillé* a des défauts, d'ailleurs, et des faiblesses. Utile pour faire vibrer certains coins de clarté, il est impuissant à rendre le mouvement. Il semble que les gestes se figent, et il donne une pesanteur, parfois, et une rigidité. Mais, que les artistes adoptent le procédé en son entièreté, qu'ils lui fassent des emprunts plus ou moins grands, on sent que désormais la recherche de la lumière s'impose, qu'il faudra peindre plus clair, jeter sur sa toile des vibrations plus intenses. La manière noire a fini son époque. Nous pensons que l'aurore nouvelle, au doigté de lumière, éblouira les artistes. Peut-être varieront-ils la formule, si propre à traduire le ciel fluide de certaines provinces françaises, où elle devait éclore, peut-être l'adapteront-ils aux tristesses de cieux plus noirs, et la modifieront-ils selon les transparences des atmosphères. Tout cela, très secondaire, importe peu : nous n'avons qu'à cueillir le charme qu'exhalent ces toiles, sans trop nous inquiéter de la façon dont elles ont été faites.

Bien qu'il ne soit pas néo-impressionniste, terme qui s'applique plutôt à un procédé qu'à un art, M. Claude Monet prodigue de magnifiques frissons de soleil : c'est l'espace qu'il nous dit en ses tableaux, l'immensité des cieux barrée par la neige lointaine des montagnes. Ses mers sont limpides et profondes et donnent la sensation des plaines liquides, infinies, avec la crête des flots qui les sillonnent. Particulièrement, *la Mer et les Alpes* attire par l'immensité d'atmosphère contenue dans son cadre d'or.

Voilà les plus intéressants parmi les luministes et les paysagistes exposant cette année aux *XX*. Mais les *XX* ne sont pas cantonnés dans une formule déterminée, comme on l'a prétendu. « Jamais, au grand jamais, écrit leur secrétaire Octave Maus, les *XX* n'ont songé à constituer un groupe uni par des affinités de vision et de facture ». Ainsi M. Henry De Groux n'est nullement un chercheur de lumière.

Fernand Severin disait à son sujet : « On dirait une main d'enfant conduite par quelque main invisible et surnaturelle ; la main d'enfant a tremblé, mais elle a tracé des choses étranges et inusitées ». Peu à peu la main d'enfant s'affermit, et la main surnaturelle la guide en des contrées d'art superbe. Cette *Procession des archers à Machelen*, énorme frise, m'apparaît une œuvre de marque.

La procession s'avance devant l'église gothique. Trois paysans sur de robustes chevaux la précèdent, en costumes de cavalcade, chamarrés de médailles de corporations. Viennent alors des clercs en surplis, des enfants de chœur portant des chandelles, des fillettes vêtues de blanc ; puis les archers, leurs arcs à la main, suivis d'un orchestre de villageois ; enfin, sous un dais cramoisi, le Saint-Sacrement chemine, salué par l'encens, et les « autorités » du village l'escortent, à travers la foule des paysans qui s'agenouillent. Des deux côtés de l'église, des forains ont établi des baraques, hissé leurs toiles veules et dressé la carcasse de leurs moulins.

Rien que cette procession, traversant ce coin de village en kermesse. Mais un souffle puissant anime cette œuvre ; c'est peint avec de la pensée. Car M. De Groux voit plus que le pittoresque et la plastique ; les objets se transforment, magie de l'art ! en passant par son cerveau avant d'être fixés sur la toile, et il dessine des idées et des visions, l'essence subtile des choses : des synthèses.

Ainsi, dans cette *Procession*, toute la Flandre est dite, non celle de Teniers ou de Van Ostade, mais la Flandre grave et mystique, qui a dicté à Georges Eekhoud l'épopée de ses polderiens sauvages et farouches. Comme son père, M. Henry De Groux voit les choses endeuillées, mais il s'enthousiasme de sa tristesse et s'enivre de ses visions pensives. Les couleurs chantent alors son amertume et s'imprègnent de la sombreur de son rêve. Il en arrive ainsi à une harmonie énergique, étrange, d'une âpre mélancolie. C'est comme un plain-chant qui résonne tout le long de la frise. Et celle-ci, avec l'envolée lyrique sur les murs gris de l'église, des bannières curieuses de la piété flamande, sous un ciel où se roulent, dans des bleus d'orient, de lourds nuages argentins, avec ses groupes noirs et recueillis, çà et là piqués de l'or d'un chandelier, du cuivre d'une trompette, de la note gaie d'un mouchoir couvrant un dos de paysanne, et troués par des visages cuits au soleil des labours, avec ses arbres bizarres, le violet funéraire des saules du cimetière et les réclames bariolées des saltimban-ques, rappelle quelque vieille tapisserie brodée jadis par des mains de foi. Par places elle a l'éclat adouci, aux lueurs soli-taires, de vitraux de cathédrales.

Il y a des défaillances, certainement, dans ce beau pastel : c'est la *main d'enfant* qui faiblit. Mais, il est d'une réelle puis-sance, non seulement d'idée, mais de couleur. Ces pensers forts ont trouvé un pinceau qui peut traduire en une peinture enthousiaste leur valeur et leur âpreté.

La *Charge des cuirassiers à Waterloo*, du même artiste, est un rêve après la bataille. Un grouillis de soldats étranges, pareil, dirais-je, aux entrailles même du combat. Les sou-dards, aux épaulettes dorées, s'enlacent à des cadavres nus, aux yeux révulsés, piétinés par des chevaux qui se cabrent, en ce cauchemar tragique. Des caissons renversés soulèvent des corps blêmes et sanglants. Des armes se dressent sur des visages d'épouvante. Des fusils sont brandis. Là-bas, à l'hori-zon, des allées angoissantes et bordées d'arbres fantastiques, vomissent toujours des cuirassiers, les sinistres cuirassiers du chemin creux d'Ohain : leur casque étincelle, dans un élan de mort, et eux aussi, vont rouler dans le charnier fatal, où gisent déjà les bannières tricolores des régiments massacrés. C'est aussi comme une étrange tapisserie au coloris inventé par un visionnaire singulier.

Mais il y a longtemps, en nous promenant devant les murailles de ce Salon, que nous eussions dû signaler, là-bas, en un coin, faisant feu de tout l'attrait de sa perversité et de l'aigu de sa satire : Félicien Rops. Trois dessins littéraires : *les Diabo-*

liques, d'après J. Barbey d'Aurevilly. — Diaboliques, le sont-elles, ces filles maudites ! La griffe du diable aura écrit, d'une féline écriture, au coin d'un des dessins, cette phrase cruelle : *le vol et la prostitution dominent le monde*. La Prostitution lève ses derniers voiles et montre son corps nerveux, meurtri par les morsures folles et frémissant de toutes les joies défendues. Elle attire : sa bouche est une fleur brûlante, ses yeux cernés promettent les plus subtils vertiges de la chair, ses cheveux d'un blond de flamme semblent contenir, en leur toison teinte, l'opium des amours curieux. Elle est la Reine de Luxure, certaine de sa couronne, et ses pieds de bouc piétinent le globe terrestre. Plus prudent, le vol se cache derrière elle et montre seulement la tête, une tête de vieux notaire véreux, enfouie dans la cravate, un visage dissimulé sous une grimace de fourbe, le chapeau rabattu sur des yeux sinistres.

Aussi symbolique, cette autre gouge, d'un geste indolent étirant ses beaux cheveux noirs, percés de deux cornes de diablesse, et se défendant peu, le regard empli de volupté mystérieuse et méprisante, contre la folie qui vient arracher la gaze sombre et transparente qui recouvre son beau corps ; et symbolique aussi, cette jeune femme nue, à l'air hystérique, un scapulaire se balançant sur ses chairs pauvres encore : elle frissonne de désirs, hypnotisée par ce Don Juan profilant là-bas le masque de sa fatale beauté.

Chaque dessin de Rops est toujours comme une penne trempée d'essence baudelairienne, aiguisée d'un esprit sardonique et lancée des hauteurs les plus sublimes de la spiritualité à travers la décadence de notre fin de siècle. Car c'est lui qui l'aura burinée, cette décadence. Son art sera la fleur subtile, à l'arôme rare et byzantin, épanouie à ras du torrent qui précipite la race latine, et celle-ci le teinte des reflets précieux et étranges de son couchant.

C'est ce même esprit de Rops qui déteint sur les *Hantises* de M. Willy Schlobach et lui inspire ses Anglaises presque caricaturales, comme vues à travers le feu d'un alcoolisme, avec les roux ardents de leurs longues chevelures, leurs chairs morbides, leurs toilettes extravagantes, leurs regards brûlant

de flammes orgiaques, leur épouvantable beauté de cauchemar. C'est, parfois, comme une soudaine et corrosive vision
d'un coin d'Oxford street, en un spleen excentrique.

M. James Ensor reste le turbulent coloriste, aux chaudes et
grasses vibrances, avec des éclats rubéniens. Mais ce que
j'aime surtout en lui, ce sont ses eaux-fortes et ses dessins, au
fond desquels on trouve du Goya, un Goya plus flegmatique,
farceur à froid et mordant, des coups de folie soufflant
parfois en son art, ainsi que des grains mettant sens dessus
dessous les flots.

M. Georges Lemmen possède un crayon fin, serré et nerveux, et s'inspire des Forain et des Degas. Œil précis d'obser-
vateur. Telles de ses silhouettes féminines sont de grande vérité
et d'un mouvement juste.

M. Constantin Meunier montre deux fusains, d'un noir
fiévreux et tragique. Le houilleur sortant du puits, harassé, le
dos pliant, la bouche aux lèvres plébéiennes haletante, est
particulièrement vivant, d'une vie douloureuse et résignée. On
dirait qu'il sort, nouveau-né maudit, de la bure noire comme
d'une matrice. Le *Puddleur*, puissante statue, incarnant le
repos de l'ouvrier, s'érige, bronze sonnant la beauté du travail
moderne, et dit la plastique nerveuse et charnue du prolétaire
actuel.

Un burineur allemand, M. Max Klinger, exhibe un cycle
d'eaux-fortes racontant les péripéties d'un amour depuis la
première rencontre, en un parc, sous les fleurs, jusqu'à la fin,
sombre et malheureuse. Les premières eaux-fortes sont lourdes,
d'un romantisme un peu épais. C'est l'amour découpé en épisodes de bonheur et dit en style quelquefois vulgaire. Mais
l'idylle s'assombrit. La jeune fille est enceinte, son amant
l'abandonne. Et cet enfant, ce fœtus rayonnant dans la sombreur de la nuit, la hante, la pauvresse, et les deux dernières
eaux-fortes du cycle, fort belles, narrent le dénouement mor-
tel de son aventure. En l'une, l'héroïne est chassée, penchant
le front sous les moqueries de ses compagnes, chœur ironique,
et escortée d'un personnage étrange et dominateur, comme la
Honte ou le Remords. En la dernière, c'est l'accouchement.

Sur un lit elle est étendue, ses linges relevés, tandis qu'un médecin au masque sévère se penche, pour écouter si elle respire encore, sur son visage dolent des souffrances de l'enfantement. Au pied du lit, un bassin et des éponges; et un personnage satanique saisit, d'un geste à la Hoffmann, l'enfant nouveau-né. C'est là eau-forte à belle couleur fantastique, à relief puissant.

M. Braquemond aussi est un maître de l'eau-forte, qu'il représente, en de fins paysages, des oiseaux voletant, ou qu'il reproduise, avec des tons riches, avec des somptuosités de noir et de blanc, rendant bien leur magie et leur préciosité, les chefs-d'œuvre de Gustave Moreau. Voilà une *patte* d'une subtilité extraordinaire.

Les dessins de M. Seurat ont çà et là de belles traînées de lumière, et ceux de M. Marcelin Desboutin, ainsi que ses eaux-fortes, ont crâne allure et robuste couleur.

Et voilà ce Salon des *XX* qui allume chaque année tant de combativité.

Les *XX* continuent à inviter des artistes rares, ceux qui sortent du convenu et du banal, et eux-mêmes constituent une association jeune et vivante, qui laissera une trace de fierté et de belle audace dans l'art de notre pays.

Février 1889.

La Montée au Calvaire

d'après les vieux Flamands.

A Félicien Rops.

La cavalcade dolente cheminait vers un plateau sablonneux, dessus une colline aride, ainsi que bruyère en Campine, crevassée, solitaire et semblant damnée.

C'est au sommet de cette colline qu'on faisait tirer la langue aux escrocs pendus, qu'on fricassait comme boudins sorciers et hérétiques, qu'on crucifiait séducteurs, rebelles et larrons; et c'est de là que volaient vers l'enfer les âmes les plus scélérates du pays. Des croix et des potences s'y dressaient, en bois noueux, coupé dans les futaies, et mal plantées dans le sable. Sur leurs bras des pies perchées caquetaient et fientaient en abondance, près de cordes pendantes. Des escarpes, des tirelaine, des coupe-jarret rôdaient, flairant les instruments où ils crèveraient sans doute un jour, tandis que le bourreau enfonçait un clou dans un des arbres sinistres. Des touffes de chardons variaient seules la sécheresse du sol, et quelques chiens rongeaient çà et là des charognes.

Le cortège montait avec les hennissements des cavales et les clameurs du populaire.

En avant débouchaient sur le mamelon, à côté d'un poteau en fer forgé indiquant la route, quelques cavaliers en longues robes.

Puis chevauchaient des estafiers, masqués et bardés d'acier, coiffés de casques ronds leur donnant l'air, serrés les uns à côté des autres, d'un semis de champignons, percé de longues herbes, que faisaient les lances plantées près des étriers.

Ensuite, une charrette, basse et quadrangulaire, juchée sur de larges roues pesamment revêtues de ferraille. Dans elle, poings liés, se vautraient les deux larrons. Leur mine était piteuse, et ils glapissaient d'épouvante, tels que des porcs qu'on va égorger. Mais ils n'avaient bedaine appétissante, leur peau leur collant aux os, et tendue à leur ventre comme celle d'un tambour.

Une foule gesticulait derrière eux et sans les gens d'armes protégeant leur attelage, ils eussent été écrabouillés et hachés menu. Bras colériques tendus vers leur mine d'escogriffes, poings menaçant leurs nez d'ivrognes, fourches prêtes à les jeter hors la voiture, yeux enflammés comme aux querelles de cabaret, femmes qu'on eût dit ramenant au logis leur mâle gonflé d'hydromel, tant elles étaient rageuses, des enfants même, hissés sur le dos paternel et criaillant, et jusqu'à des béquillards bousculés par ces gens en délire, et vomissant des injures : tout, à l'entour du carrosse, promettait prochaine tuerie.

Mais, suivait un gros de lansquenets, coiffés de casques en éteignoirs, lançant de temps en temps des éclats de trompettes, et dominés par un grand drapeau jaune, qui, déployé au vent, laissait voir un aigle impérial au bec crochu, un monde noué dans ses serres.

Enfin — Jésus, une croix en chêne sur l'épaule. Il pliait l'échine, mais dès qu'il succombait, un soudard lui redressait les reins d'un coup de gantelet ou tirait à la corde ceignant sa robe grise. D'une pâleur d'agonie, le visage du Christ ruisselait du sang coulé de la couronne d'épines. Ses pieds nus étaient écorchés. Et ainsi il était plus effrayant que Celui du Calvaire de Damme, avec la grimace hideuse de ses lèvres, et la plaie de son ventre, où le menuisier de la cité a vidé un pot de vermillon. Un marchand de Jérusalem, du nom de Simon, ayant vu Jésus tombant sous la croix, la porta quelque temps, appuyant sur le bois ses bajoues, mais les reîtres obligèrent bientôt le condamné à reprendre son fardeau, malgré les ducats que Simon tira pour eux de l'escarcelle pendue sur sa bedaine.

Oui. Voilà Jésus qui monte au Golgotha. Un monde bariolé l'escorte, surgi, dirait-on, de tous les coins de la terre, et même des entrailles ténébreuses de celle-ci. Car d'où sort ce juif, affreux comme une gargouille de cathédrale, qui ricane ainsi que le diable en tirant sur sa barbe de bouc? Il se démène tant qu'on le dirait bouillant dans de l'eau bénite, et il excite contre le Sauveur une horde de gaillards qui clament et güeulent, la face baveuse. Une lie de populace et de loqueteux, de manants au groin mal torché, hurlant comme s'ils jouaient aux cartes après boire, avec des yeux pochés d'une rixe de la veille, titubant, à moitié ivres, parmi des chiens galeux; un mendiant perclus, assis au bord du chemin sous une croix de pierre, tend avec rage son poing de quémandeur; des bouchers brandissent des coutelas, leur tablier au ventre; des voix vocifèrent, des gosiers s'exaspèrent à crier et réclament une large lampée de bière. Dans cette tourbe trépignante, que maintiennent quelques varlets d'armée, soiffant des hanaps aux auberges, en casaque rouge et armés de piques et de massues, des personnages étranges se pavanent couverts de manteaux riches et singuliers. Avec leur air exotique, vêtus de robes indiennes et coiffés de turbans, sont-ils un reste de la suite des Rois Mages? Ils escortent le Christ avec des airs de prince. Voilà même un négrillon, bossu ainsi que le fou du duc Philippe; puis des Mahométans en dolman bleu sous un chapeau de paille, le teint pareil à celui des marchands qui apportent des tapis de Smyrne au marché de Bruges; et des Egyptiens comme il en vient aux foires sonner du tambourin et faire danser des filles impudiques aux joues couleur d'oignon brûlé. Ainsi qu'aux processions du Saint-Sang, des bigotes suivent, égrenant des rosaires de leurs doigts secs comme des fagots, la tête ballante, le nez goutteux, trop sourdes pour ouïr le vacarme tintamarrant autour d'elles; et aussi des pèlerins, un feutre dans la nuque, un grand manteau semé de coquilles sur l'épaule et une gourde au dos.

Trois justiciers à la trogne grave ferment la cavalcade. L'un tient en main une verge symbolique, l'autre porte au cou le mouton de la Toison d'or, le troisième est vêtu d'un ample manteau rouge où ruisselle sa longue barbe blanche. Et le nez sur le cul des chevaux, des manants portent des flacons de brandevin, qui rallumeront, ainsi que poix sur bûcher de torture, le cœur des bourreaux.

Le cortège traverse la campagne matinale, d'où s'élèvent les alouettes. Le bétail sort des fermes, et des vachers, à coups de triques, font résonner le dos osseux des bœufs. Des étables, s'exhale l'arôme des purins ; les grands toits de chaume luisent doucement, couvant, de leurs vastes ailes plumées de mousses, les murailles brunes et les greniers bondés de trèfles et d'avoines. Dans la pénombre des étables, où quelque rayon perçant une lucarne fait chanter la poussière, des servantes, bras rouges et accroupies, tirent des pis un lait crémeux ; des truies pataugent, sur des coins de boue, y éclaboussant leur lourde tetterie. En les prés, la rosée perle ; et, aux façades des chaumines, devant lesquelles fleurissent les tournesols, des pinsons en cage, sous des clématites, chantent au soleil.

Sur le seuil des maisonnettes, paraissent des femmes curieuses de la foule qui passe, portant des enfants mi-nus, à peine débarbouillés ; et elles chassent la vermine dans la tignasse de leurs rejetons. Ceux-ci tendent leurs bras vers Jésus. Et les horloges tictaquent dans les cuisines, et l'on entend la cuisson des fèves pour le repas de midi, le pétillement du bois sec dans les âtres, et l'on hume au passage l'alléchant fumet du jambon mordu par les flammes. Les fenêtres sont joyeuses, et parfois elles s'enguirlandent de roses.

Jésus rencontra des rustauds allant au marché. Des femmes portaient au bras des cruches de cuivre, des tinettes pleines de beurre et des paniers d'œufs. Les paysans avaient au dos des cages en osier, emplies de volaille, et, en bandoulière, un chapelet de coqs pendus, la crête ballante et claironnant. Dans les cages gloussaient des dindons, leur col de sotte fâcherie passé entre les treillis, des pintades, et des oies au duvet noirci dans les mares. D'autres étaient chargés de pigeons, de grives, de canards, de bécasses. Et toute cette chair à bombance pépiant, criaillant, jacassant, faisait un vacarme de rommel-pot, une musique de crécelle et de trompettes de carnaval.

Et Jésus vit aussi des pêcheurs, portant leur marée à la ville. Ils avaient des chapeaux goudronnés abritant leur figure mordue par le hâle. Dans leurs filets, c'était un ruissellement d'écailles, prometteur de hochepots délicieux, et une bonne odeur saline s'exhalait d'eux. Un brûle-gueule planté dans leurs faces de loups, les yeux perçants et clairs, ils restaient, de même que les campagnards, à contempler le cortège, et Jésus leur envoyait une bénédiction, malgré la douleur perforant ses os et vrillant ses chairs. Et ils restaient impassibles, et quelques uns, plus débonnaires, recommandaient à Dieu l'âme de ce rebelle conduit à la potence.

Plus loin, c'était des gens en fête. Des arbalètes, portées sur les épaules, montraient qu'ils revenaient avec leurs commères de quelque tir, des plumes à leur toque, et précédés d'un grand tambour que battait un jeune gars. A leur cou, pendaient des colliers de couques ; en guise d'épées, des cuillers en bois leur battaient les fesses, et de petits drapeaux, pareils à ceux qu'on rapporte des pèlerinages à Notre-Dame de Hal, flottaient à leurs poings et pavoisaient leur poitrine. L'un d'eux jouait de la cornemuse, près d'un marmot brenneux qui râclait du rebec ; un autre, costumé en folie, noir et jaune, des grelots à ses manches, gambadait ; — et ils dansaient une ronde où les béguins volaient, les jupes se levaient — et ils cueillaient, à pleines mains, les tétons de leurs compagnes, mûrs comme les pommes d'octobre, et tous s'empoignaient, se baisaient et se poussaient leurs langues en pigeonne. Et, ceux-là, ricanèrent en voyant Jésus ; ils lui firent des gestes obscènes, montrant le visage qu'on cache en ses brayettes.

Le cortège funèbre avançait toujours, et le soleil montant avec lui au ciel et épandant une chaleur plus lourde sur les moissons et les prairies, la figure de Jésus fut trempée de sueur. Véronique alors s'approcha de Lui, dont elle avait été folle d'amour, et essuya sa face. C'était une grosse fille, en robe verte à carreaux striés de velours rouge, et dont la poitrine opulente était plus riche que la vitrine des plus précieux joailliers de Bruges; jadis, elle avait été gouge, jouant de la viole dans les tavernes louches, et se laissant culbuter par quiconque lui baillait des ducats. Sa pieuse besogne accomplie, elle s'en revint parmi les saintes femmes qui se frottaient les yeux, maigres comme des perches à houblon, et se frappaient leurs plates poitrines en signe de contrition. La sainte Vierge était au milieu d'elles, sur une dune perforée par des terriers de lapins. Elle songeait navrée, les oreilles dans sa coiffe et l'œil rougi, au temps où Jésus était ainsi que rose à peine fleurie, et de ses menottes lui frappait le sein, tout en tétant. Maintenant ces chairs, alors parfumées d'enfance, étaient viandes à martyre ; flagellées et saignantes, elles seraient exposées au bec des vautours, de même que les gigots et les rots étalés aux boucheries attiraient les faméliques battant les ruelles des villes. Elle se lamentait, — et quelques apôtres émaciés, en leur toge aux plis cassés, se dressaient, affligés, auprès d'elle, en une muette résignation. Et tous se réfugiaient près d'un grand arbre mort et crevassé, au sommet duquel perchait un corbeau.

La montée au Calvaire, au milieu des clameurs des happe-chair et de la plèbe, des jurons des soudards et des pleurs des bigotes, continuait. Et peu à peu se découvrait le panorama de Jérusalem. Le dôme du Temple et les pignons avaient percé la brume matinale et les ardoises miroitaient au soleil. Du beffroi s'envolait un carillonnement, radotant comme une vieille au dessus de son rouet. Dans le grouillis des toits rouges et bleus, on distinguait la direction tortueuse des rues ; les flèches des églises piquaient le ciel, — et des murailles, avec des donjons trapus flanqués de poivrières, des ponts-levis accrochés à des chaînes, des créneaux où des gueules d'obusiers semblaient prêtes à vomir, entouraient la cité d'une ceinture de pierres blanches, que trouaient de grosses grilles, et, parfois, une porte massive surmontée d'un pesant fronton.

Un canal traversait la cité, où appareillaient des navires, près d'entrepôts bruns et sales sous leurs girouettes en ferron-

nerie, et qu'on devinait, avec leurs grues et leurs leviers, gon-
flés de marchandises ainsi que sac d'avare regorge d'écus.
Le canal allait s'élargissant comme l'Escaut et aboutissait à la
mer, au loin grise et verte, avec des barques de pêche en flot-
tille, leurs voiles brunes enflées. Sur le rivage, des moulins
faisaient tourner leurs ailes, roues de l'horizon, et un village
s'élevait parmi des prés et des bosquets, près d'une tour large
et trapue, rappelant celle de Lissewege, et qui servait de fanal :
les jours de tempête, on allumait à son sommet, sur un gril
puissant, des troncs d'arbres et des résines flambant à travers
l'orage.

Du côté de la mer, le ciel était clair ; les proues des barques
s'éclaboussaient d'écume et de soleil ; et les prés de la côte se
teintaient d'un beau vert d'émeraude. D'ailleurs, les tourelles
de Jérusalem, grâce à la lumière fine et vibrante, se distin-
guaient aussi nettement, avec leurs dentelures de pierre, que
les châsses minutieuses aux montres des ciseleurs.

Vers le Calvaire, le ciel s'obscurcissait. Dessus l'endroit où
l'on allait hisser Jésus sur sa potence ornée d'inscriptions
hébraïques, un nuage étrange planait, d'un noir fulgureux, où
l'on pressentait des éclairs de feu et de sang. Le tonnerre gron-
derait bientôt et l'ire céleste aveuglerait les bourreaux. Déjà
des hommes en rouge dressaient les échelles et apprêtaient les
cordes ; les clous cruciaux gisaient sur le sol près d'un crâne.
Et la plaine tombait dans un silence étrange où chantaient
les grillons.

Septembre 1889.

A travers l'Exposition de Paris

NOTES ESTHÉTIQUES

Des théâtres, des tours, des squares, des jets d'eau, des sergos, des filles et des filous, des badauds et des cafés, des restaurants où des orchestres jouent des valses de Strauss, tout ce qu'il faut pour constituer une ville, — l'Exposition le possède.

Une ville, vraiment, d'aspect oriental. Non seulement les galeries et les bâtiments, avec leurs dômes massifs aux bleus glacis de céramique, aux cartouches d'or, aux briques d'azur miroitant affectent des airs de pagodes monumentales; mais tous les peuples d'Orient et les colonies exotiques se sont installées sur les bords de la Seine. Tribus sauvages abritées sous des huttes de paille en forme de mamelles et surmontées d'un dieu lare taillé dans un tronc et serti de verroteries; Congolais, à la chevelure crépue, une bouche rouge, écrin de dents ivoirines, trouant leur masque d'ébène; Javanaises hiératiques, casquées d'or et de plumes noires, maquillées de fard et de kobald, aux épaules de safran, peintes et affublées étrangement comme des idoles, exécutant, au son de gongs, de violes, de xylophones et de tamtam, des danses sacrées, et évoluant sévèrement, en leurs pas symboliques, avec des grâces de chattes et la placidité de déesses venues du paradis bouddhique; théâtre annamite, joué par des acteurs en riches soies curieuses, à la mimique aiguë, hurlant d'une voix rauque, le geste furieux, des rôles où les passions semblent s'être excitées au soleil des tropiques ; almées tunisiennes dansant la danse du ventre : les pieds se meuvent lentement, sur un rythme sourd et monotone, les bras balancent des bandes d'étoffes qui flottent autour de la ballerine, et seuls les seins, les hanches et le ventre se tordent, ondoient, s'enflent, avec lascivité, tandis que dans le fond du café-concert un vieux juif, gras et massif, affalé sur des coussins, dodeline de la tête aux sons d'une musique de clarinettes et de tambourins ; tentes d'Arabes nomades, et de Kabyles bronzés et sales en leurs longues chemises ; pagode d'Angkor, dressant sa pyramide indienne, surchargée de sculptures sacrées et paraissant, sous le ciel parfois pluvieux d'Europe, souffrir de la nostalgie des firmaments féeriques aux éblouissances de lumière ; palais de Tunisie, flanqué d'un minaret et dominé d'un dôme blanc ; jardin japonais, aux plantes capricieuses et rares ; Canaques sauvages, en des taudis obscurs faits de chaume et d'écorce de niaouli, et parsemés de tabous, divinités baroques, grimaçants fantoches d'outre-Pacifique ; palais algérien, à l'éblouissante coupole, surmontée de croissants ; palais de la Chine, qui regarde avec les yeux chimériques de ses dragons et dresse sur des bois de cèdres, ses pagodes, telles que des clochetons. Tout cela bruit, chante au soleil des notes de couleurs vives, éclate en pétards roses, bleus, rouges, dorés, sur les plâtres aveuglants, avec des verts de myrte, des indigos de Méditerranée, des pourpres et des cinabres étranges, venus des colonies avec les épices et les bizarreries asiatiques. C'est, surgie en plein Paris, une ville d'un cosmopolitisme oriental, et l'on voit des Africains, leurs friperies brillant au soleil, envahir nos foules. On dit la messe bouddhique en un temple des dieux, et des Annamites, la face jaune sous leurs chignons de jais, traînent, dans de petites voitures, des Parisiennes se caressant avec indolence d'un éventail en plumes de paon semé de verroteries ; de gros Bourguignons s'emplissent de beignets de Souk que des Tunisiens graisseux, sous les auvents bigarrés de leur boutique, font rissoler, couchés autour de casseroles et de pots, tandis que s'échappent des fumées de graillon ; des gavroches crachent des quolibets aux moricauds plantés tels que des bronzes aux portes des pavillons ; de petites

fillettes, au nez insolent, croquent du nougat acheté à quelque
marocain dont le visage basané s'immobilise dans la pénombre
d'un refuge abrité d'un velum et encombré de sucreries multicolores.

*
* *

Où l'on a la complète illusion de se trouver en pays exotique, c'est dans la rue du Caire. Car, en cette bâtisse, on a
imité les maisons égyptiennes de façon complète, les construi-
sant telles qu'elles sont, avec des matériaux authentiques, en
respectant scrupuleusement les salissures du temps et les tares
de la vétusté, les éraflures des briques, les taches, les moisis-
sures, les mousses envahissant les façades. Les autres con-
structions sentent le neuf, le provisoire, le toc ; on a l'air d'en
essuyer les plâtres ; elles sont d'un blanc uniforme et il semble
que la couleur n'en soit pas encore sèche.

La rue du Caire est étroite. Car on est dans un pays brûlant,
où l'on se gare des morsures du ciel. Les maisons sont carrées
et massives, et les murailles, d'une blancheur verdâtre ou
jaunie, avec des salissures rosées, dans une gamme éclatante,
mais atténuée par les baisers constants de l'air. Les étages en
encorbellement se surplombent et semblent vouloir crouler
dans la rue, soutenus par de grosses poutres qui font crever la
chaux. Les façades sont ornées de grands balcons en boiseries
d'un brun foncé, finement ouvrées en arabesques exquises, et
dentelées avec des légèretés d'une rare élégance.

Pas de fenêtres. Tout est clos. On craint le soleil. D'ailleurs
il n'est pas permis de contempler les visages, troués d'yeux de
gazelles, des belles indolentes couchées derrière le rempart de
ces colonnettes artistement amenuisées. Ces boiseries d'où l'on
sent tomber, par les ruelles étroites, des regards de feu, rappellent les persiennes espagnoles qui cachent les senoras. Mais
l'oriental embellit le moucharabi qui recèle sa beauté et il en
fait une cage divine et charmante suspendue à ses murs.

On est entouré de marchands qui font le boniment de leurs
marchandises, d'une voix nasillarde. *Fresco ! Fresco !* clame
un gaillard coiffé d'un fez, habillé de longue robe et portant

en bandoulière une énorme gourde emplie d'une limonade qu'il verse aux chalands. *Bounboun ! Bounboun !* crient d'autres, en présentant des sucres et des fondants. Un bazar s'ouvre, à l'une des extrémités de la rue. Et ce sont des cimeterres, des œufs d'autruche, des calottes de soie agrémentées de colliers de sequins, des flacons de parfum, des bois sculptés aux senteurs pénétrantes, des babouches brodées d'or, des éventails, des poignards, des cendriers en cuivre rouge, des boîtes pleines de dattes, des guitares dont le corps est fait d'une écaille de tortue, des enfilades de lourdes perles qui danseront sur les épaules nues des ballerines, des narghilés et des pipes, — tout le bazar africain, à la quincaillerie vive et criarde, servie par de gros gaillards en fez et des marchandes aux cheveux noirs. Près du bazar, des cafés où l'on danse la danse du ventre. A la porte de l'un d'eux, un nègre fait la parade : *Enntrez ! voôr pelles dâmes ! tansent bien, tansent bien !* Et devant le moricaud goguenard et montrant, en une grimace, une belle rangée de dents, des gens coiffés de chapeaux melons, en veston ou en frac, s'arrêtent, et se laissent allécher par la promesse d'une almée dont la chorégraphie leur verse un peu de volupté. De l'intérieur du bousico sort une musique criarde, que geignent des clarinettes, que ronflent des tambourins, sourdement — c'est comme une plainte du désert, un chant de sauterelles et de grillons dans les sables arides, qui se mêle aux odeurs de santal et d'encens, aux arômes de vieux cuirs qui planent sur la foule. Et voilà de petits ânes gris, sur les cuisses desquels la fantaisie des âniers a brodé des dessins variés, qui galopent, conduits par une escouade de gaillards en manteau bleu, fumant des cigarettes et poussant des cris bizarres : *balala! balala !* au nez des visiteurs. Le long des façades s'ouvrent des magasins de tapis, des échoppes d'artisans, confectionnant des étoffes, taillant des cuivres, incrustant, cousant, modelant, tranquillement accroupis, dans une pénombre de cave. On croirait vraiment vivre une page d'*Ali-Baba*, et les quarante voleurs ne seraient peut-être pas longs à trouver.

*
* *

Le soir, ce cachet d'orientalisme de l'exposition s'accentue encore, quand se suspendent, en la rue du Caire, les petites lampes éclairant mal les murs mystérieux ; quand le long des maisons, y profilant leurs ombres fantastiques, sous une tapée de lumière électrique qui fait la concurrence à la lune, des orientaux se faufilent drapés en leurs longs habits, accompagnés de femmes voilées et masquées comme des pénitents d'inquisition.

Un soir, entre tous. Nous avions pris le bateau-mouche pour les Tuileries. Un orage menaçait à l'horizon. De gros nuages noirs roulaient au dessus des collines au fond du panorama lointain que la largeur de la Seine laisse se dérouler. L'onde du fleuve, clapotante et battue par les hélices, reflétait, verdâtre, ce ciel tragique de crépuscule. Des cordons de gaz déjà couraient le long des dômes de l'exposition. Les flèches, les mâts, les toitures, les minarets, les tourelles, les cheminées se détachaient avec des aspects étranges sur les nuées glauques. Et l'exposition avait réellement l'aspect de quelque cité merveilleuse des Mille et une Nuits, assise au bord d'un Gange féerique.

Soudain, au sommet de la tour Eiffel, les becs s'allumèrent. La tour apparut formidable sur ce firmament de colère. C'était comme la déesse, ornée d'une couronne de feu, audacieuse et terrible, de cette cité s'illuminant le long du fleuve. Le bateau-mouche filait à travers les remous de la Seine, passait sous les arches des ponts, et, par le même phénomène qui fait qu'en un train en marche, il semble voir les arbres éloignés voyager avec le convoi, la tour paraissait poursuivre le bateau. Elle avançait au ciel, héroïne colossale de quelque conte menaçant. Et les bâtiments plantés au bord de l'eau, pareils à des palais de Venise, leur front léché des lueurs étranges de l'horizon, avec leurs façades d'un blanc éclatant en cette fin de jour, se miraient dans l'eau tourmentée et déjà quelque peu obscure.

*
* *

Une des impressions bizarres est produite par le continuel

changement des pays dont les habitations et les produits s'amon-
cellent les uns à côté des autres. C'est comme une réduction du
monde. Un monde en fête, empli d'une gaieté de kermesse,
orné pour de grandes festivités, résonnant d'orchestres, claquant
de drapeaux et d'oriflammes, piqué de mâts et de tourelles,
comme une pelotte d'épingles, fleuri d'écussons, semé de statues ainsi qu'un panthéon universel et enguirlandé de plantes
et de bosquets où des jets d'eau s'élèvent, éparpillant des pous-
sières scintillantes au soleil. Il semble même que l'enceinte de
l'exposition soit trop étroite. Cela déborde tout à l'entour en
un tas de panoramas, de dioramas, cafés-concerts, restaurants,
brasseries : une vraie foire, surgie de tous côtés, comme pour
ramasser les miettes du gigantesque festin qui se donne au
Champ de Mars et à l'Esplanade des Invalides. D'ailleurs,
une foule énorme de gens vivent de l'exposition. Une nuée de
camelots de toute espèce s'abat tous les matins à chacune de
ses portes. Billets d'entrée, photographies, plans de Paris,
tours Eiffel en carton, en cuivre, en fonte, en verre, vous sont
offerts aux sons de cris variés hurlés par ces forains d'occasion.
Des marchands de coco agitent des sonnettes; des débitants
de saucissons et de petits pains circulent en tablier blanc et
parviennent même à vendre leur marchandise à des visiteurs
déjà entrés à l'exposition en la passant entre les grilles; des
trafiquants de mille bibelots se balladent, l'œil aux aguets d'un
client. C'est tout un commerce installé en plein vent, à
l'ombre des dômes et des tours, un parasite de l'exposition,
comme celle-ci est elle-même un parasite de Paris.

*
* *

Et Paris entier — le grand Paris — le concentreur et le dis-
perseur d'idées, — le foyer qui jette au monde des lumières —
arde plus fort, à telle époque. C'est une recrudescence de la
fièvre qui le brûle. Il traverse une de ses grandes époques.

Félicien Rops m'écrivait : « Le spectacle extraordinaire
de Paris-Exposition me retient malgré moi. Le boulevard,
à deux heures du matin, est inoubliable. On ne reverra
plus ce Paris-ci, pas plus qu'on ne reverra le Paris de la Com-

mune, que j'ai vu, avec des femmes attelées aux bricols des canons et les descentes de Montmartre avec les piques et les piquiers de 1789, sortis on ne sait d'où, de quelque bizarre et mystérieux musée des révolutions. C'est la ville-Protée, à la façon des grandes maîtresses que les mâles épris ne peuvent jamais quitter, et je suis de ses amants! Elle n'est jamais la même! Et *artiste!* toujours! dans ses folies, dans ses joies, dans ses douleurs.

« Quel dommage, me disaient deux peintres bruxellois, après avoir vu la « Ville Bleue », que les Parisiens n'ont pas, comme nous, du *bon sens!* — Mais, bonnes gens, c'est parce qu'ils n'ont pas plus de bon sens que Notre-Seigneur Jésus Christ, qu'ils font ces choses! Et parce que les Belges en ont trop qu'ils ne font rien d'extraordinaire — chez eux c'est toujours : le plat du jour! Un bon plat et un bon verre de lambic. Tout ce qu'il faut pour vivre, deux et deux font quatre. Ici : deux et deux font vingt! Comment? C'est leur secret à ces endiablés d'art, à ces enragés de Lumière, de Décor et de Gaieté. Quand je me sens fatigué, je dégringole de mon atelier, je tombe au boulevard, lequel est magnétisé, électrisé par les effluves de ces milliers de cervelles en gésine. Au bout d'une heure j'escaladerais le Mont-Blanc; j'ai pris un bain de flamme. — Voilà pourquoi l'atelier Rops ouvre ses grandes verrières au centre de Paris où le pouls de la terrible ville bat le plus fiévreusement. Aller au Parc Monceaux, dans les villes à peintres, ou au Luxembourg, sous les arbres! — mais c'est Nivelles! »

*
* *

Parmi les établissements élevés autour de l'exposition, le plus curieux est la reconstitution historique de la Bastille et de la rue Sainte-Anne, telles qu'elles étaient à la fin du siècle dernier.

La Bastille dresse ses donjons trapus, percés de fenêtres scellées de lourdes grilles, et coiffés, au dessus d'une large corniche en pierres qui la ceint comme d'une couronne, de créneaux où les canons sont braqués. Des ponts-levis barrent

les entrées, avec de solides chaînes ; sur les tours, des échau-
guettes veillent.

Au pied de la Bastille, on a reconstruit toute la rue Sainte-
Anne, avec ses échoppes d'éventaillistes, de fleuristes, de
tourneurs, de bibelotiers, d'apothicaires, qui flanquent les
vieux murs de la prison comme une guirlande joyeuse de
maisonnettes, comme autant de cages à pinsons et à rossignols
pendues aux pierres grises et maussades. Les fenêtres, à petits
carreaux, rient, encadrées de pariétaires ; les toitures, où des
mansardes dressent, entre des cheminées blanches, leurs angles
paisibles, se couvrent de tuiles rouges, rongées de mousses.
C'est d'un XVIIIe siècle délicieux et certains coins rappellent
des œuvrettes de Chardin.

La rue continue, sous des lanternes pendues au milieu d'elle,
et s'arrête à un portique. Les maisons y portent des noms
charmants : la Maison de la Pomponette, avec une terrasse
fleurie, la Maison de la Tonnelle, une poivrière à son flanc, la
Maison du Lunetier, dont la façade rappelle un peu celles des
rues de Nuremberg, l'Hôtellerie du Lion d'or, avec, à côté
d'elle, une vacherie, et plus loin des gloriettes où les gardes du
Roy allaient trinquer et agacer les fleuristes d'en face, plus
gracieuses que les roses de leur étal. Au centre, l'église Sainte-
Marie, ornée d'un perron et d'un portail en pierres grises,
avec de grands vases surmontant ses contreforts et un dôme
écaillé d'ardoises. Puis, un écusson sur sa porte cochère,
l'hôtel de Mayenne, très aristocratique parmi les boutiques et
les cabarets.

Tous les habitants de cette rue, perruquiers et cartoman-
ciers, marchands d'estampes et boulangers, aubergistes et
luthiers, ont des costumes de l'époque, et des gardes-françaises,
culottés de blanc, en habit bleu à revers rouges, circulent en
jouant des musiques du temps. Cette rue ainsi animée possède
ce charme léger, cette grâce coquette, qui ravissent dans le
XVIIIe siècle, et, tout en dégustant du vin, à la porte du Lion
d'or, tandis que passent des chaises à porteurs, des carrosses, et
des militaires d'un autre régime, on songe à quelque scène
de *Manon Lescaut*.

Mais un coin entrevu du hall des machines, tout proche, le phare de la tour Eiffel dominant l'hôtel de Mayenne, le tintamarre de l'exposition, vous tirent vers le mercantilisme moderne, alors qu'en pleine époque de Watteau, on voguait à larges voiles de rêve, vers des contrées charmantes et disparues.

Quelle idylle, cette rue d'il y a un siècle, et ses maisons basses, variées, vrais nids de bonheur ! Quelle intimité, quel pittoresque paisible et souriant! On y paraît heureux de vivre, et les hôtelleries ont un air bon enfant qui invite et retient.

La rue moderne est banale, fiévreuse, bruyante ; au lieu des petites échoppes modestes, où des carleux retapaient les bottes éperonnées des dragons et les souliers des ingénues, leur étal en plein vent, charmés par un pinson sautillant en une cage pendue dans le bric à brac des savates, ce sont les grands magasins et leurs annonces monstrueuses, leurs affiches effrontées comme des filles ; les rues sont monotones et les maisons immenses, avec des étages qui menacent le ciel. De la tour Eiffel, voyez le Paris d'aujourd'hui, ses quartiers symétriques, ses habitations, toutes de même format, percées de fenêtres pareilles, couvertes d'identiques toitures en zinc. Les habitations paraissent vouloir vêtir un uniforme réglementaire, ainsi que les soldats. Seuls les monuments restent, pareils à des rocs, battus de cette mer sans cesse changeante que forme une grande ville.

Et, dans ce décor nouveau, le peuple aussi n'est plus le même. La vie, au lieu de se cloîtrer derrière les fenêtres et dans les boutiques, dégringole de tous les étages dans la rue. Plus d'artisans : des usines. Plus d'échoppes : des magasins tels que des palais, qui se ceignent le front, souverains du commerce, de grandes lettres de réclame. Et c'est aussi la Bourse, engrenage puissant de la cité — océan d'or et de spéculations. Les habitants d'une grande ville se ressentent de ces variations profondes dans le système économique. Le prolétaire porte la marque de son usine, qui le frappe comme d'une infamie noire; les bureaucrates et les employés se dessèchent à l'atmosphère avare de leurs bureaux et de leurs magasins ; le bourgeois spéculateur est inquiet et agité, des soucis plein son front. Et tout ce monde bat le trottoir des rues, dans une hâte fébrile, un labeur où il tourne et s'exténue ainsi qu'en un cercle dantesque. Nuée de mouches actives pour qui sont tendues les toiles des vitrines, et hurle l'attrait rouge des affiches.

*
* *

Rentrons à l'Exposition. Et dans le dédale des palais et des pavillons, par les squares bien peignés et les parterres fleuris, le long des groupes aux larges allures décoratives qui prennent essor de piédestaux dressés dans les jardins et se mirent en des bassins d'où le soir, s'élèvent, telles que des fantômes précieux, les fontaines lumineuses, — allons vers la galerie réservée aux beaux-arts.

Cette exposition des beaux-arts, installée sous la tour Eiffel, n'apprend guère de neuf, soit sur les peintres du siècle, dont les œuvres se trouvent dans la série centennale, soit au sujet des peintres d'aujourd'hui.

Une chose ressort du nombre relativement petit des tableaux anciens, comparé à la cohue envahissante des toiles récentes : combien peu d'artistes et d'œuvres *restent*, combien de gloires s'en vont en fumée et ne résistent à l'examen des années, qui étrangle les renommées mal acquises.

Spécialement les Salons, néfastes institutions qui servent de forteresses aux ganaches d'académie, et de tréteaux aux dentistes de la peinture et aux pitres de l'art, n'ont guère laissé d'œuvres.

Ne pas oublier que Delacroix, Courbet, Corot, Manet, Millet furent jadis rejetés avec mépris des Salons, tandis que la plupart de ceux qui y furent laurés à cette époque ont plongé depuis dans l'oubli.

En réalité, le Salon rétrospectif devant lequel tout le monde est d'accord pour se pâmer d'admiration aujourd'hui, est bel et bien un Salon de refusés.

Rien n'est agaçant, d'ailleurs, comme une promenade à travers ces salles encombrées de cadres, tapissées, de la rampe à la cimaise, de toiles parmi lesquelles l'œil cherche en vain quelque morceau d'art, où se reposer.

L'artiste, celui réellement doué du mystérieux don de la vocation, est chose peu commune. C'est, dans l'humanité, la gemme précieuse, avarement semée et enfouie en des rocs abrupts. Les coups de pioche n'en découvrent qu'à très longs intervalles l'éclat radieux. Aussi est-il anormal de voir ces nuées de manieurs de pinceaux et de tritureurs de plâtres inonder de leurs produits les halls immenses où la foule vient s'engouffrer. Cela répugne à l'art, qui est aristocratique et rare.

.·.

Une telle exposition est comme un magasin du Bon Marché de la peinture. Ce n'est plus de l'art, tout cela, c'est de l'ameublement. Les couleurs hurlantes font un tapage pareil à celui de la galerie des machines. Des scènes de genre évoquent les étalages de poupées parisiennes, — ravissantes, celles-ci, avec leurs grands yeux de porcelaine et leurs toilettes à falbalas. Voici des nudités affriolantes qui verseront leur eau de Jouvence aux vieux, dans les boudoirs des cocottes ; des scènes religieuses pour l'ornementation de mauvais goût des églises de province ; des sentimentalités à l'huile destinées aux pensionnaires qui jouent des rêveries sur le piano ; des batailles et des héroïsmes de cabotin à l'usage des patriotes. On pourrait mettre à chaque toile une marque de fabrique et une étiquette indiquant le prix. Vaste café-concert de l'art, Alcazar de la peinture, — on sort d'un tel bazar écœuré, fatigué, joyeux de retrouver un ciel qui rayonne, de respirer les puretés de l'air, et de décrasser son orbite au généreux soleil.

*
* *

Dans l'exposition rétrospective, tels que des ancêtres, David, toujours noble et grand, et Géricault, tourmenté et fougueux, — David, le conventionnel rêvant aux antiques, et habillant les anatomies grecques des vêtements de sa république ; Géricault, le père du modernisme en peinture, un *progénéré*, en qui vibrent déjà l'ardeur brûlante et les passions de Delacroix. Autour d'eux, Gros, Gérard, Girodet, Prud'hon, Guérin, — l'école napoléonienne.

Mais c'est vers Eugène Delacroix que montent toutes les aspirations modernes. C'est un Titan du romantisme. « Le Cid de la peinture, a dit Camille Lemonnier ; sa Chimène est la douleur ». Il a l'âpreté du Dante, la fougue de Rubens, avec une couleur plus dramatique, et le lyrisme de Victor Hugo. Il peint avec un pinceau trempé au cœur turbulent de son époque. Son coloris a des cris et des angoisses, des révoltes et des fièvres. Un art fier et souple, nerveux et d'allure royale, tel que les tigres dont Delacroix se plaisait à fixer les larges attitudes et les sanguinaires colères.

Que mesquines et froides, à côté de cette lave généreuse, abondante, emportant tout, torrent tumultueux, les anatomies d'Ingres, et que creux et mannequins, ses classiques res-suscités ! C'est le « balai ivre », ainsi que des détracteurs appelaient le pinceau de Delacroix, qui maintenant fesse le vieil académique. C'est l'énergie de la pensée intense et poignante qui triomphe, de toute sa vie expansive.

Courbet, à côté de la peinture enfiévrée et visionnaire, toute intellectuelle de Delacroix, donne une note de réalisme. Il nous dit l'épanouissement des pulpes, pareils à des bouquets de chair, les chaudes blancheurs des gorges, les redondances des ventres, la moiteur des peaux rosies par le sang ; c'est l'appétit des gibiers, des viandes et des fruits, et l'arôme des fleurs ; ce sont les sources jaillissant des rochers où les mousses cramponnent leurs feux de rouille et d'or, les sous-bois où combattent les cerfs, où les arbres font éclater leurs verts pétards, et les branches filtrent du soleil ; c'est la vague lourde et massive, élevant, avec un geste lent de bête assoupie sous la chaleur du firmament, sa masse transparente, aux verts aquatiques. Courbet voit avec des *yeux de chair*, en un temps qui exige plus de pensée, mais il a ce mérite d'avoir rouvert une fenêtre splendide, depuis longtemps fermée, sur la belle matérialité.

Corot, plus souple, plus spirituel que Courbet, chante en ses paysages une idylle mythologique, d'une finesse argentée d'aurore, ou nimbée des délicats brouillards dorés du crépuscule. Des théories de nymphes et de satyres s'enguirlandent parfois, dansant dans la rosée de ses bois, aux sons de merveilleuses orchestrations de lumières. Ses pinceaux sont comme les chalumeaux d'un pâtre antique, d'un demi-dieu descendu sur la terre et dont les notes charment les sources et font bruire les feuillées. Mais c'est le ciel adorable de l'Ile de France qu'il célèbre ainsi, les matins et les soirs de la Seine, le long des saulées et des peupliers qui font naître l'idylle.

Rousseau est plus mâle et plus robuste. C'est un romantique qui met, pour ainsi dire, du drame et de la solennité — la solennité des bois druidiques — dans ses allées d'arbres et drape ses paysages de mystère. Corot a écrit : « Rousseau est un aigle. Quant à moi, je ne suis qu'une alouette qui pousse de petites chansons dans mes nuages gris. » Phrase, sans doute, d'exquise modestie, mais, en certain sens, expressive et nuançant bien, par une jolie comparaison, la différence qui existe entre l'art de Corot et celui de Rousseau.

Inférieurs aux précédents, mais remarquables toujours par cette rare souplesse de facture, cette distinction et cette subtile poésie qui caractérisent cette école du paysage français : Daubigny, Chintreul, Dupré, Diaz, Troyon. Ils forment, avec Corot pour chef, la belle pléïade qui a rénové l'art du paysage en France, et qui se continue avec ce merveilleux luministe, au pinceau de soleil, qui a nom Claude Monet.

Millet reste le grand chantre des rustauds. Ses pâtres et ses laboureurs sont emplis de tristesse, pénétrés des mêmes mélancolies qui tombent sur la terre brunie avec les *Angelus*. Millet est un initiateur, et c'est là surtout sa grandeur. Il a *dérubanné* les houlettes des bergers et *démagotisé* les rustres. Il a pénétré la grandeur des existences paysannes ; il a cueilli l'âpre poésie qui s'exhale des travaux des glèbes, sous les firmaments ingrats ; et, avec leurs navrantes laideurs, il nous montre les manants vivant de leur vie réelle, dans la sincérité de leurs souffrances, de leurs amours, de leurs maternités, de leurs ignorances, de leurs religiosités, parmi les moissons fumant aux crépuscules, ou dans leurs huttes de misère.

Manet est préoccupé de la tache que fait dans l'air la silhouette en action, a écrit un critique. Manet est une des plus originales figures de l'art contemporain. Un tapeur dru sur les vieilles formules, un révolutionnaire à tous crins. Il lance le coup de sifflet le plus aigu à l'académisme, — tellement aigu qu'il déchire parfois les oreilles. — Manet est un intuitif, un artiste tout d'instinct, qui se détourne des enseignements et ne prend conseil qu'aux sensations de sa rétine. Il fut aussi l'un des premiers à ôter l'âme moderne des mannequins où l'ont emprisonnée les professeurs de beaux-arts. Sa ligne est fidèle à tous les mouvements des corps — non des corps en plâtre d'école, — mais des corps en vie et remuants, qu'il baigne en de vraies atmosphères. Ses canotiers éprouvent des joies de grand air et filent des amours de guinguette ; ses figures s'animent de sang et de lumière.

Parmi les gloires de l'école française, bien d'autres peintres encore : Bastien Lepage, avec ses figures minutieuses comme des Holbein, vivantes et expressives, dans le *plein-airisme* de ses toiles ; Henri Regnault, un coloriste turbulent ; Fromentin, fin et élégant orientaliste ; — et quelques tableautins curieux de Daumier, le colossal caricaturiste dont l'œuvre reste la plus cruelle et la plus profonde morsure qui ait déchiré nos temps.

*
* *

En l'exposition décennale — ou plutôt parmi les artistes encore vivants — quelques peintres surnagent dans ce déluge d'huile, réfugiés en l'arche sainte de l'art.

Ainsi, Fantin-Latour et ses portraits, si honnêtes, si vivants, où les existences sont chantées en sourdine, avec un je ne sais quoi de doucement ému, de grave et de familier, de cordial et de sévère. Un autre portraitiste — en même temps que décorateur des plus récents — : Besnard, bien moderne en son effigie de femme nerveuse, névrosée, fourrée en une longue soie frissonnante de l'éclat d'une soirée.

Puvis de Chavannes reste nimbé d'une gloire pure et douce. Qu'il raconte une légende chrétienne ou que l'antiquité lui souffle une inspiration, sa ligne est toujours idyllique et primitive, et sa couleur possède une fraîcheur de gazon pâle étoilé de marguerites et baigné du murmure d'une source. Il y a, dans cet art, des coins de géorgiques, embaumés d'aurores païennes et de mystères sacrés, et des visions candides de vierges martyres qui écoutent les orgues blanches susurrer.

Gustave Moreau est un artiste étrange, un peintre pour les lettrés. Son art possède la féerie d'un conte des Mille et une Nuits, des richesses de Renaissance, des bijouteries de satrape, à travers lesquelles, blondes apparitions, passent des femmes aux fines nudités florentines. On dirait des rêves de despote asiatique, assoupi d'opium, après une danse de bayadère. C'est un ciel nouveau et déconcertant, découvert au monde de l'art, un ciel de magicien élevé sur des colonnades curieuses et clouté d'étoiles précieuses et bizarres. La couleur en est empruntée aux plus rares joailleries, et les coups de pinceau paraissent des gemmes patiemment serties. Gustave Moreau est comme un gothique éblouissant, mystiquement égaré en des temples orientaux, extasié devant des religions aux rites suggestifs. Des monstres fatidiques hantent ses sujets, qu'on dirait échappés des antres les plus profonds de quelque antique église indoue, au culte caché en les sinuosités d'un Gange surnaturel.

Raffaëlli. Un typeur de prolétaires et de petits bourgeois. Ses prolétaires sentent leur usine, qui les déforme, et leur alcool, qui les abrutit. Ses rôdeurs de barrière portent au visage le rictus sinistre que font grimacer les souffrances de leurs boyaux vides. Et voilà le petit bourgeois, issu d'une arrière-boutique, vivotant de rentes mesquines, avec des économies de vêtements retournés et de bottes resemellées, en des intérieurs où des fleurs artificielles voisinent avec un bonnet grec catharreux.

Tels, — avec, un échelon plus bas, Cazin, Roll, Carrière, Bilotte et Lhermitte, — les artistes supérieurs de l'Exposition contemporaine française.

*
* *

L'exposition de peinture des pays étrangers se distingue par une excessive banalité. Seule, peut-être, la Belgique s'érige au dessus des autres pays par le faire à belle pâte des Stobbaerts, des Artan, des Verwée, des Courtens, des Heymans. Jan Stobbaerts, surtout, apparaît de race et de tempérament bien flamands, avec de chaudes et mâles rutilences de coloris et de savoureux et gras baisers de tons.

Mais, en général, les étrangers s'inspirent des Français. En Belgique même. Alfred Stevens, un maître, ne résiste pas à l'entraînement vers l'imitation et le pastiche. On le voit, teneur superbe de belle et riche palette flamande, chercher en vain à imiter des Parisiens, et devenir plus mou, moins aigu, et se perdre à la conquête d'expressions tragiques et shakespeariennes que jamais sa nature de *peintre* ne lui fera saisir.

La Hollande, aussi, est un pays de peintres. Les plaines de Flandre et de Néerlande, avec leurs atmosphères fluides et leurs larges horizons humides, font naître les coloristes. C'est en Hollande également qu'on trouve des peintres originaux et disant leur pays. Et c'est Jakob Maris, un vigoureux et fier tempérament, trempé à la belle école des vieux Hollandais, puis Israëls et ses élèves, avec leurs couleurs imprégnées, dirait-on, du brouillard des digues et des polders, et de la sombreur des chaumières enfumées par les hivers.

Mais, en dehors de ces deux pays, tous les autres ont les yeux voués à l'école française. Boldini, en Italie, s'inspire des Parisiens, et on peut le comparer à Helleu et à Blanche ; Zorn, en Suède, est un reflet de Besnard et de Degas ; Liebermann,

un Allemand, est teinté de parisianisme. Les Américains se
sont jetés dans le sillon des Bonnat, où se démène d'ailleurs
un internationalisme désastreux de mauvais peintres. Sauf
Whistler, le prestigieux artiste en qui plane un peu de l'âme
noire de Poë, les artistes des Etats-Unis manquent de marque
propre, malgré l'existence, chez eux, de gens de réel talent
tels que : Melchers, Dannat, Sargent, Allen et Chase.

Combien peu d'artistes, d'ailleurs, nous révèlent leur pays
et comme la banalité courant par le monde efface vite les
tempéraments vigoureux et originaux qui surgissent ! Un
exemple frappant, à ce sujet, pris à l'exposition même. Un
jeune Russe, Josef Cheemonsky avait jadis débuté par un
tableau de maître. Une sortie de cabaret, par un crépuscule de
dégel. C'était comme un De Groux slave — d'un art pénétrant
et ému. Le jeune peintre passe quelques années dans l'atelier
de je ne sais quel Gerôme. Et le beau sang qui vivifiait ses
œuvres se retire ; ses toiles s'anémient et se dessèchent : on
dirait un arbuste jeune et florescent soudain fouetté d'un vent
funeste qui le fait dépérir.

Parmi les peintres vraiment originaux, à l'étranger, signalons Kroyer, un Danois : quel sentiment limpide des mers
vespérales, sous les cieux du Nord, avec les pêcheurs couchés
sur les plages que baisent les lames, griffées d'éclats de lune !
Et aussi Thaulow, un Norwégien, qui nous dit les neiges et les
brouillards de son pays. Et Von Uhde, actuellement, avec
Menzel, le plus grand peintre allemand. Ses tableaux représentent ordinairement des épisodes de la vie de Jésus. Il a
cette audace d'habiller ses personnages de vêtements anachro-
niques, comme les peintres anciens. Il n'a pas le sentiment
religieux des gothiques et il n'est pas *peintre* ainsi qu'eux ;
c'est un philosophe : philosophie chrétienne, bien humaine,
de charité et d'amour.

En Angleterre, c'est Orchardson et sa tonalité ancienne,
ses bruns, bien saxons, caressés, dirait-on, par la patine des
ans ; Burn Jones, un primitif italien plein d'élégance à la
Botticelli, égaré dans une âme moyen-âgeuse d'anglais ; et
Watts, avec sa fougue rouge et chimérique, bestiale comme le

sang britannique : rêves de gin et de viande, où se dressent,
en des pourpres hideuses, au milieu de bestialités fantastiques,
des monstres étranges.

*
* *

Tel le dessus du panier de l'immense hotte de peinture
versée par toutes les nations au Champ-de-Mars.

La sculpture n'est guère brillante. Les Français sont fins,
élégants, gracieux et distingués, mais tous, ils sont académiques, fignolant leurs marbres d'après des formules, sentant
l'école et l'enseignement ; pas une révolte ; pas une person-
nalité s'accusant d'instinct ; pas un intuitif ; c'est un art auquel
doivent applaudir tous ceux qui s'emperruquent d'académisme,
un art vieillot qui ne répond à aucune des aspirations actuelles.
Il y a Rodin, qui a ouvert, en dehors de l'exposition un Salon
de ses œuvres, œuvres de puissante originalité, où le plâtre
ressent tous les frissons du modernisme, et brûle, dans ses
enlacements, ses cambrements, ses forces et ses tortures, des
flammes dont ardent les gravures de Rops.

Mais à l'Exposition, nulle tendance neuve, qui brise les con-
ventions ou qui se hausse de la banalité courante. C'est là
qu'on sent la puissance et qu'on saisit l'originalité d'artistes tels
que Constantin Meunier. Ses œuvres sont comme une magnifique protestation de l'art sincère et humain, et son *Puddleur*
en bronze, de ses larges lèvres de prolétaire, l'échine courbée
et lasse, jette au bourgeoisisme des marbres d'alentour une
clameur d'émeute.

*
* *

La modernité, où la chercher d'ailleurs dans ce fouillis
gigantesque du Champ-de-Mars ? Certes, l'Exposition elle-
même aura été un des produits les plus significatifs de l'esprit
contemporain, une floraison puissante des énergies de cette fin
de siècle, une sorte de fête universelle, un branle-bas de joie,
une explosion d'industrie et de commerce en un pittoresque
universel, au dessus du gouffre noir et insondable où semblent

descendre nos temps, — un étourdissement, une ivresse avant le cataclysme probable des guerres et des révolutions.

L'Exposition est une sorte de temple élevé à l'esprit d'aujourd'hui ; et, de loin, le cadran encastré sous le dôme central, apparaît un louis d'or symbolique irradiant. Je la contemplais, par une après-midi de dimanche populaire. Au sommet de la Tour Eiffel un immense drapeau tricolore claquait au vent. J'étais sur la terrasse du Trocadéro, derrière de grandes statues dorées, du pied desquelles fusaient des gerbes d'eau. Avec la fraîcheur des fontaines m'arrivaient les végétales bouffées exhalées par le parc. Les allées du Champ de Mars regorgeaient de monde. La foule, compacte, serpentait le long des squares, et des bateaux-mouche nombreux arrivaient, charriant du peuple — grappes humaines traînées sous les ponts. Un tapage de vie démagogique montait. Les grands halls engouffraient des foules noires, ainsi que les messes des cathédrales passées attiraient les populations. Dessus l'or hurlant des façades et du décor prestigieux de ces nefs immenses, insolentes et étalant les richesses de leurs ornements, les fumées des machines fiévreusement salissaient le ciel — un ciel aux grands nuages gras, large et tombant au loin sur les campagnes. Et il semblait que ces nuées aux allures pesantes — c'étaient les plis d'un mystérieux rideau levé sur la féerie qui se jouait devant moi. Tout cela brillait, sonnait comme l'étal d'un banquier, luisait ainsi qu'une aurore de lucre et d'époque nouvelle. Je venais de sortir de la galerie des objets anciens où dorment, pieusement conservés, les châsses des temps passés, les croix d'or, les bijoux et les couronnes. Et, derrière l'Exposition, Paris, le Paris gothique et le Paris du XVIIIe siècle s'enfonçaient dans du lointain et les vieilles tours, où les siècles défunts ont imprimé leurs griffes dans les pierres, s'effaçaient.

Une modernité se trouvait là, devant mes yeux, et il semblait que son peuple se fût réuni là pour se compter.

Mais l'art, dans cette fête? Cette modernité, symbolisée en des œuvres d'art, synthétisée en un bronze, brossée par la fièvre d'un pinceau?... La tour Eiffel n'est qu'un amas scientifique de matériaux. Elle est géante, la nuit, quand, pareille à un suaire, une large traînée de lumière électrique tombe de son phare et la drape ; ou bien quand son fanal, tel un œil monstrueux braqué au ciel, lance à Paris ses lueurs. Elle s'élève vertiginieuse, avec le tonnerre de ses ascenseurs, et les multiples croisements de ses ferrailles. Mais elle ne constitue, en somme, qu'une curiosité scientifique, un problème d'ingénieur résolu.

La galerie des machines est légère et aérienne ; une atmosphère de gaieté s'épand avec l'odeur huileuse des engrenages ; elle est svelte et bien assise, coquette même, — couvercle ingénieux posé dessus les trépidations des aciers et des fers. Mais elle est aussi mathématique, et si elle plaît, c'est à l'esprit des constructeurs.

Voilà, sans doute, l'architecture de l'avenir. Mais — peut-être — des artistes surgiront bientôt, qui feront, le long de ces murailles de fer, aux flancs de ces tours aux ossatures métalliques, courir les beautés de l'art clamant à pleins poumons le cri de leur siècle, — et ce sera l'esprit moderne qui poussera ses clameurs et ses plaintes le long des tours Eiffel — jusqu'alors sans voix, squelettes perchés au dessus des cités.

Rêves, peut-être. Mais, en attendant un réveil, l'art de notre époque roule vers les débâcles.

L'art contemporain commence avec l'école de David et de Gros — une pléïade héroïque et païenne, issue d'un peuple sortant des luttes révolutionnaires et en pleine épopée césarienne.

Puis éclate le romantisme, turbulent et batailleur, catholique et ardent, avec Delacroix, Deveria et tous ceux qu'a exaltés Théophile Gautier. Epoque de tapage, d'orientalisme et de moyen-âge.

Vint alors le réalisme, avec Gustave Courbet.

Ces trois écoles ont donné leurs œuvres, et leur temps est fini. Elles ont eu leurs maîtres, leurs disciples, leurs bannières, leurs combats, et chacune a sa place bien nette, sa signification bien franche.

Actuellement, un désarroi règne. Pas d'école. Pas de grande idée. La foule s'arrête aux Bonnat, aux Duran, aux Wauters, aux Giron — à tous les étrangleurs de l'art. Des artistes curieux, des rêveurs, tel Moreau, des mordants, tel le grand Rops qui effigie son temps d'un burin acerbe et brûlant, se tiennent à l'écart. Mais généralement, c'est un pillage éhonté des classiques, des romantiques, des réalistes, ou même, en d'autres siècles, des gothiques et des flamands. C'est, à chaque Salon, une salade de toutes les écoles. Période prostituée, truquant abominablement, pilleuse, banale, courant les trottoirs et raccrocheuse.

Le faîte officiel est tenu par l'académisme — cette floraison néfaste de notre bourgeoisie. Un flot d'intuitifs et de novateurs régulièrement vient battre ce refuge scellé par les gouvernements et, après des efforts, parvient parfois à le submerger.

Mais la foule des artistes est entachée d'académisme. C'est le Prud'homme hideux de l'Art qui règne dans sa morgue et sa sottise. Combien est-il d'artistes peignant d'après les plâtres qu'on leur a fait dessiner à l'école et prétendant recuisiner à leur huile fade les marbres des Parthénons! Selon leurs maîtres, il est un beau : l'antique ; et ces professeurs accrochent désespérément leurs mains de pions aux belles formes et aux harmonies grecques. Ils enseignent qu'il ne faut peindre qu'un corps : celui des Apollon et des Vénus, et que seuls doivent inspirer les mouvements rythmiques qui blanchissent dans les salles des musées. Ils veulent, dans les pantalons, des jambes d'Adonis, et, sous les robes, les épaules de Diane. Ils sont nombreux. Leur foule s'est abattue sur l'Art de ces temps comme un fléau de sauterelles, une nuée noire aveuglant le soleil. Ils ont aveuli bien des tempéraments, arrêté bien des élans, enrayé bien des forces, éteint bien des aurores. Ils ont mis au monde comme un arrière-faix de l'antique et des périodes défuntes — quelque chose de banal, d'incolore, sans vie, sans émotion.

L'ère nouvelle qui doit surgir ne se dessine pas encore de façon nette. Des artistes tels que Millet, Manet, Courbet,

Raffaëlli, Degas, Monet, Rodin et Meunier l'annoncent, en prophètes, comme devant susciter une recherche de plus en plus intense de la lumière, et une étude passionnée de l'homme d'aujourd'hui, dépouillée de toute influence et tradition, analyste à la fois et synthétique — curieuse et pensive — comme le siècle. Et il semble que ce soit un large et profond souffle humain qui fera voguer vers des horizons encore lointains l'Art rénové.

Juillet 1889.

Les acquisitions récentes du Musée de Bruxelles

Un GOTHIQUE ITALIEN de maître inconnu. *Le Mariage de la Vierge*. Sous un portique aux colonnes de marbre veiné, une sorte de prêtre juif, à longue barbe, unit la Vierge à son fiancé : les deux époux sont auréolés d'or. Les femmes qui suivent la Vierge adorablement se profilent, exquisement primitives, et de couleur séduisante.

De VAN UTRECHT : des *Fruits*. Une guirlande attachée au fond uni par des anneaux d'or, qu'ornent des nœuds bleus. Harmonie de fruits au savoureux coloris. Des groseilles transparentes, des raisins riches, des cerises de noir d'ébène ou de rouge vif, des pêches dodues, des prunes violettes, des figues entr'ouvertes, des nèfles bronzées, tous fruits égratignés de chaude couleur et reliés par feuillages décoratifs.

De TERBURG : un *Portrait*, une miniature. Un buste de jeune seigneur imberbe, cravaté de dentelle, vêtu de gris historié de brandebourgs d'argent. Figure de Hollandais aux yeux bleus, bien portante sous une perruque blonde, d'un blond si fin, si soyeux, aux mèches tombant sur le front blanc. Ravissant de vie et de délicatesse.

Un JÉROME BOSCH : *La Tentation de Saint-Antoine*. Sujet inépuisable, que de fois traité ! et auquel chaque siècle imprime sa marque. L'ascète Antoine a renoncé aux pompes vaines de messire Satanas, et celui-ci vient le tenter, mettant à damner le saint homme tout son amour-propre diabolique. La femme forme presque toujours l'instrument principal de cette tentative de séduction. Cette belle Reine de Saba, un papillon voltigeant autour de ses lèvres effrontées, se trouve l'auxiliaire le plus puissant du diable. Mais dans ce rôle de la femme, depuis les premières *Tentations* imaginées, jusqu'aux *Tentations* modernes, il y a grandissement. D'abord presque inaperçue, c'est la Maudite qui s'offre seule, maintenant, et Rops, nous la montre dans la nudité victorieuse de la fille, pareille à une fleur lascive de péché. Le démon se contente, pour toute mise en œuvre, de ce torse cambré en une impudence magnifique, du sourire glorieusement insolent et pimenté de vice, de la chevelure d'or épandue, oriflamme des dernières débauches, sur ce corps affolant. Ce n'est plus une tentation ; c'est un triomphe.

Combien différentes les *Tentations* anciennes !

Dans celle de Teniers, qui se trouve en notre Musée, c'est vraiment la femme aussi qui forme l'élément dominant de la machination satanique : une bourgeoise, vêtue de soie noire, en chignon Lavallière, détachée, semble-t-il, de quelque *Conversation* ou de quelque *Intérieur* de petit maître. Mais en même temps que ses charmes, qu'elle montre en levant ses jupons d'un geste assez vulgaire, elle offre un verre empli ; elle n'apparaît d'ailleurs pas avec cette insolence sûre de son triomphe, et se fait présenter par une vieille entremetteuse. Et de quel cortège est-elle accompagnée ! D'un orchestre baroque à pattes de volatiles, à têtes de poisson, jouant du violon et d'un hautbois embouché dans l'œil vide d'un monstre. Les roches de la grotte du saint s'animent d'une vie étrange, prennent des airs de bossus ivres dans un cabaret. Des poissons aux formes imprévues nagent dans l'air.

De Henri de Bles, ce peintre curieux, nous avons aussi, dans un de ces paysages dénotant un artiste précurseur et hardi, une *Tentation*. Deux femmes nues présentent à saint Antoine, sur un plateau, une drôlatique figurine. Elles ont l'air quasi-chastes et sont naïves et peu femelles en leur expédition. Près d'elles, également, une sorcière rouge. Dans l'alentour des lutins peuplant un pays profond, décoré de belles verdures et de grands rochers, et traversé d'une rivière piquée de baigneurs.

Dans une mignonne toile, de maître inconnu, également appartenant à notre Musée, et représentant le même sujet, la femme n'existe pas. Une prairie quelconque de Flandre, aux arbres dorés de soleil, parmi lesquels une chapelle blanche s'élève, et le saint lit un livre religieux, et de minuscules diables seuls, perdus dans l'herbe viennent le harceler.

En le tableau de Jérôme Bosch — un triptyque — la femme est l'accessoire. C'est une créature satanique perdue parmi les autres en ce méli-mélo de monstruosités d'Apocalypse flamande. Elle n'apparaît guère, donnant des frissons de convoitise à la peau, que dans un des volets, où elle est nue, ceinturée seulement de bleu, et mi-cachée par un arbre sans feuilles où pend une draperie rouge.

Le tableau central du triptyque représente le refuge de saint Antoine, d'architecture sans style, mais décoratif. Par la porte ouverte, on voit l'ascète agenouillé devant un crucifix.

Tout à l'entour, l'assaillent des êtres indescriptibles : tout ce que l'imagination d'un bourgeois du moyen-âge croyant au diable et très artiste peut imaginer de fantastique. A l'entrée de l'habitation sacrée s'accoudent des femmes d'enfer, peu désirables, des apparitions de diables difformes, inspirées par d'indicibles fantaisies, en des formes de cauchemar, capricieusement invalides et comiquement éclopées. Une création d'êtres chimériques, où éclatent des nains grotesques en robes rouges, où s'animent des carcasses, des squelettes, des rocs, plaqués de quincailleries étranges, de bijouteries insensées. Dans un coin une outre démesurée crève, donnant volée à des oiseaux inattendus, à des lutins de forme bizarre.

Une rivière baigne le pied de la demeure d'Antoine, poissonnée de drôle façon, sillonnée de barquettes aux voilures triviales, pataugée de bêtes représentant des cruches à quatre pattes que chevauchent des individus impossibles.

A l'horizon, d'un côté un incendie sombre sur lequel se profile un écroulement de chapelle ; de l'autre, un ciel vibrant et bleu où s'envolent une cigogne et un navire aérien.

Tout cela groupé avec pittoresque, de coloris fin, délicat,

empli de saveur douce, d'harmonie encore corsée par la patine du temps.

C'est d'un goût profond de terroir. En effet, c'est délicieusement flamand. Une ripaille diabolique, en somme, une godaille d'êtres d'outre-Styx. Dans un des volets, ne voit-on pas des moines saoûls se soutenir sur un pont, près de qui un lutin hideux patine ! Dans l'autre, un diable pâle, pareil à un martyr japonais, verse du vin à une grenouille de chair humaine, tandis qu'une table servie de boissons est soutenue par des bouts d'hommes nus, dont l'un enfonce le pied en une vaste cruche. On voit des ventres boursouflés, de la griserie, de la mangeaille gaspillée, du gibier, de la bière épanchée ; des instruments de cuisine s'animent de vie étrange. Des poulets déplumés s'encolèrent. A une barque une raie sert de voile.

Les revers des volets représentent, en grisaille, des épisodes du chemin de la croix ; passion baroque mêlée de personnages triviaux ; c'est un Jésus en proie à des sacrificateurs grotesques — une passion d'après Jérôme Bosch.

Un JORDAENS et VAN UTRECHT. — *Nature morte.*

Une immense toile de hautes couleurs et bombance flamandes. Jordaens y a calé les personnages, Van Utrecht y a épandu un déluge d'accessoires.

C'est dans une cave de halle. En un coin, un vieux à barbe blanche verse d'un grand panier une marée de poissons qu'il regarde s'amonceler d'un air satisfait : lamproies argentées, gueules bées, homards à cuirasse noire, crabes, anguilles, raies aux reflets roses ; et l'accompagnent une vieille à masque sec, ridé, édenté, et une plantureuse fille portant un panier de cuivre, un rire gras gonflant ses joues, un sein mi-sorti de son corsage de toile. Puis, c'est un décoratif étal de victuailles. Tout ce qui peut flatter le goût et donner envie de ripailler ; un panier débordant de raisins lumineux, des grappes desquelles se recroquevillent des feuilles de vigne ; des coqs au sultanesque plumage balançant leurs crêtes mortes près de dindes déplumées ; des lièvres, des perdreaux, des canards à tête verte appendus par le bec ; des corbeilles de champignons et de pommes, des choux et des ananas, un melon roulé près d'une botte d'asperges ; des saucisses, du gibier écorché à saignante viande. Ah ! oui — il faisait gai vivre en ce XVIIe siècle flamand épanoui, gras et pittoresque, si empli de santé et de joie. La liesse ! La bombance ! Le calme triomphant en une riche plénitude de vie. C'est la poésie du ventre, soit — mais quelle saveur originale, et quelle fine matérialité !

Un JAN VAN DE CAPPELLE. — *Marine.*

Tableau hollandais très ambré, où, sur les nuages de perle, une voile de barque amarrée dans le calme d'un coin d'Escaut, se découpe brune.

Un VAN OSTADE. — *Atelier de tisserand.*

Un bijou. Le métier au repos montre sa carcasse de bois, où pendillent des fils, des ustensiles, — immobile, car le tisserand, un feutre mou sur la tête, est assis à fumer, près de sa femme qui avec un bon air magot tient un enfant en langes ; il attend la soupe cuisant en un grand chaudron sous la cheminée. Ce petit intérieur s'éclaire de fenêtres à carreaux plombés percées dans des murailles épaisses dont la chaux s'érafle. C'est d'une intimité si chaude, d'une magie de coloris savoureuse ; c'est comme peint avec une pâte d'or, — à la fois gras et fin, matériel et exquis. Cette pléiade des petits maîtres, des *magotistes* : un sourire de subtile finesse dans une face lourde et paysanne.

Un ALFRED STEVENS — *Salomé.*

Salomé ! — hantise de l'imagination artiste ! Que de fois l'a-t-on ennoblie d'art, la ballerine énigmatique — en toutes attitudes : tantôt dansant, bayadère lascive, dans le faste d'une cour orientale, ses hanches pleines de volupté, son ventre souple, des anneaux à ses chevilles nues ; tantôt pensive, avec son visage de juive ardente, ses cheveux crépus, ses lèvres sensuelles, attendant, un plateau à la main, la tête exsangue de saint Jean. Chaque école lui a imprimé son caractère, chaque artiste l'a animée d'un différent tempérament. Les Salomé gothiques étaient raides et mystiques comme des vierges, et seuls, des ornements lourds et somptueux, des bijoux pesants trahissaient la courtisane ; les Salomé, à la Renaissance, furent souvent comme de belles statues, correctes, impassibles, élevant avec des gestes harmonieux le chef à la bouche pâle de l'ascète décapité ; le romantisme les imprégna de sa couleur violente, les rêva tragiques, cruelles et voluptueuses — enfin Gustave Moreau fit baller hiératiquement sa Salomé en une merveilleuse magie.

Modèle magnifique, symbole pervers de la courtisane, Salomé devait tenter Alfred Stevens.

Son tableau ? Une Salomé aux yeux fixes, aux cheveux roux encadrant un visage de sphinx, sur fond noir. Elle est enveloppée de tulle rose, et, assise, tient sur ses genoux un grand plateau de cuivre où repose un poignard — une sorte de poignard de jongleuse à lame damasquinée, à poignée de nacre incrusté de pierreries. Les jambes se couvrent d'étoffe blanchâtre où sont jetées des feuillettes d'or.

Le mérite de ce tableau et ses défauts se balancent. La tête, enfoncée dans une pénombre, vague, indéterminée, s'efface et l'on se complait seulement à la magie du coloris qui embaume d'un parfum mondain tout le bas du tableau. Oh ! si Stevens avait jeté une note plus vivante et passionnelle, plus moderne, sur le visage de la danseuse ! Mais, elle est immobile, et sa tête, qui eût dû être modelée et scrutée, en belle lumière, n'a pas même la valeur des bibelots.

En revanche — sauf le tulle rose qui donne quelques effets déplaisants et sous lequel les seins ne se sentent pas assez — quel ragoût d'étoffes, en une symphonie de douce exquisité, dans une gamme soyeuse ! Tout est laissé à l'enivrement des beaux reflets, des chatois, que piquent les bijoux de leurs orfèvreries curieuses. Stevens, c'est le *peintre* des chiffons, des chiffons de luxe qui satinent jusqu'aux chairs des femmes.

Ce tableau est, en somme, inférieur. Alfred Stevens a baissé, ces dernières années. Ce n'est plus le peintre prestigieux de jadis. Il s'est imaginé que le brillant teneur de palette qu'il était, pouvait devenir le plus bel interprète de la femme *moderne.* — Des critiques nombreux ont acclamé la modernité de Stevens. — Stevens disait la Parisienne, Stevens disait la névrose, Stevens était le peintre de la mondanité. Mais son œil de *peintre* a essayé, en vain, au delà des costumes et des affèteries à pénétrer les choses subtiles des âmes ; il a en vain cherché à illuminer le visage de ses mondaines du reflet qui leur donne une valeur plus spirituelle que celle des accessoires. Ainsi, dans *Salomé* l'expression de la figure, cherchée, avec des effets voulus, serait presque banale, si la *patte* du maître peintre ne la sauvait.

Dans son livre : *L'Art moderne*, si neuf et que l'on peut considérer comme une des plus pénétrantes critiques de l'art d'aujourd'hui, J.-K. Huysmans raconte une conversation de Fromentin avec un artiste étranger, au sujet de ces peintres qu'on qualifie *modernes*, en s'imaginant trop que le modernisme consiste à peindre les robes des belles dames de son temps, leurs bijoux et leurs coiffures. J.-K. Huysmans a noté les paroles de Fromentin, où il est particulièrement question, ce semble, d'Alfred Stevens. Il définit ce qu'est le peintre de la vie et donne une large et belle leçon d'art — profonde et aiguë.

On a d'ailleurs exagéré, surtout en Belgique, la *modernité* de Stevens. Ainsi, cette Salomé nouvelle — qu'a-t-elle de notre temps, qui la caractérise ? Elle est de toutes les époques comme beaucoup des types de Stevens. Pourquoi n'avoir pas fait une danseuse contemporaine, qu'un artiste curieux eût saisie et pénétrée ? La Salomé de Stevens n'existe, dirait-on, que pour porter ses belles robes — comme il est des essayeuses chez les grandes couturières. C'est un *modèle*.

Pour faire *moderne* et dire la femme d'aujourd'hui, il faut être plus que *peintre*, même merveilleux. Il faut avoir, outre le sens des belles couleurs, et la maëstria des coups de brosse, d'abord l'imagination, qui manque à beaucoup de toiles de Stevens, puis le flair des finesses et des subtilités de la femme de cette fin de siècle. Sans ces qualités, on ne peut faire qu'une peinture d'accessoires, que rendre un *décor* sans personnage, un habillement sans corps, un corps sans âme, et l'on n'est que peintre de nature morte. Ah ! certes, rien n'est exquis comme les tasses de fine porcelaine où boivent les femmes de Stevens ; rien n'est poli et joli comme ses laques, scintillant comme ses bijoux, harmonieux, souple et chaud, comme ses velours, ses satins et ses soies. Mais il n'a pas une qualité maîtresse : l'imagination. Ses femmes regardent trop les bibelots, en ne pensant à rien, et sont trop un prétexte à peindre des boudoirs. Il ne suffit pas, pour être un grand artiste, de bien peindre. Il faut, en plus, une étincelle ardente de *vie* et de *spiritualité* dans l'œuvre.

A propos de ces choses, l'artiste étranger dont parle Huysmans, un de nos grands maîtres, écrivait en une lettre : « Je ne veux pas que l'on peigne des systèmes philosophiques et que l'on se serve de couleur pour écrire des livres ; je n'aime pas non plus « l'esprit » en peinture, c'est-à-dire l'esprit de vaudeville et d'épisode de l'école de Dusseldorf, des Vibert et des Knaus, mais entre cela et passer sa vie à rendre l'éclat d'un satin et les reflets de l'acajou d'un piano, il y a quelque nuance ! Et puis, l'esprit se trouve en nature et c'est celui-là qu'il faut peindre, l'esprit que vous découvrez comme on découvre une orchidée dans un fouillis d'herbes sur lequel les bourgeois du dimanche ont dîné, sans rien voir. Dans la plupart de ses tableaux, Rembrandt est plein d'esprit et d'observation, et cela ne nuit pas ! Et Callot ! Et Rubens ! Et Raphaël ! et tous les grands : Ribeira, Zurbaran, Véronèse ! Et Goya ! Si on admet le principe défendu par les gens *sans imagination* contre les intelligences de haut vol, on arriverait à préférer les natures mortes de Jordaens à ses Bacchantes, et deux cuirasses de Vollon à la chapelle Sixtine. Je ne demande pas que notre école belge sorte de ses traditions inhérentes à la race, au climat, au sol ; mais enfin Jan Steen est un bel artiste et il avait une jolie imagination ! *Il ne faut pas nous laisser dépasser par les photographes.* Et je ne connais pas d'école plus vive, plus spirituelle, dans toute l'acception du mot que l'école flamande, qu'on représente toujours comme une école d'êtres purement matériels, au XVIe et au XVIIe siècles ».

Mars-octobre 1888.

Le Musée communal de Bruxelles

Cette nouvelle installation inaugurée dans la Maison du Roy, à la Grand'place de Bruxelles, n'est encore qu'un embryon de Musée, où l'on rencontre des choses bien banales — voire des enfantillages — mais aussi des objets intéressants.

C'est un véritable capharnaüm où la ville a recueilli toutes les choses d'art et de curiosité qui n'avaient pas une place déterminée dans ses monuments. Aussi les choses les plus disparates voisinent : l'ancien Christ en bois de la justice de paix, une Sainte-Catherine à la main cassée, des gargouilles qui tirent la langue et grimacent comme de vieux singes en pierre vermoulue, des panneaux de cheminée Louis XVI où lutinent des anges joufflus. Près de la trompe en cuivre qui servait au sonneur de la chapelle, des clefs rouillées, d'antiques horloges, quelques pendules Louis XV ruisselantes de dorures, un gigantesque Saint-Jean-Népomucène, jadis hissé sur un pont de la Senne et maintenant regardant le moule d'où est sorti Manneken-Pis. Sous des vitrines dominées par une haute maquette de l'ancien beffroi de Bruxelles, des sceaux, des faïences, des biscuits, des porcelaines, des plats en vermeil, des bols, des missels, des gravures, des photographies sont en étalage — tout cela ayant quelque rapport avec l'histoire de « notre cité ». Plus loin, les éventails de « nos grand'mères », l'épée de Saint-Michel, foudroyée au dessus de la tour de l'Hôtel de Ville, en je ne sais quelle année, des pelles d'argent, des truelles de luxe ayant servi à « la pose de la première pierre » de monuments. Deux grandes cariatides de Rude se dressent contre le mur, sévères comme des sphinx d'Egypte.

La salle est parsemée de quelques bustes de « donateurs » ou de « célébrités locales ». Aux lambris pendent des aquarelles représentant le *Cortège des moyens de transport*, très fines, quelques-unes, figurant des cabriolets, des diligences et des pataches, rappelant certains Carle Vernet. Et l'on est requis aussi par des lithographies racontant les mœurs bruxelloises d'il y a quarante ans — et signées Madou.

Mais ce qui fait le charme principal du Musée, c'est la collection Wilson, et une série de « vues » de l'ancien Bruxelles.

La collection Wilson forme un joli groupe de tableaux. Le premier qu'on remarque en entrant : une délicieuse fillette en rose, XVIIIe siècle, tenant un loup de velours en main, de Hubert Drouais ; ensuite, un portrait satirique de Diane de Poitiers, par Hubert Goltzius. La maîtresse du Roy, les seins saillant d'une robe bizarre, ornée d'orfèvreries, tient une balance dont un des plateaux, chargé d'une plume, penche, emportant l'autre sur lequel sont deux mains serrées — *Amicitiæ pluma levior*.

Suivent des portraits signés Cuyp, Holbein, Bol, Moro, Miereveld. Deux surtout méritent attention. L'Antonio Moro, un portrait de tabellion, magnifique, d'un grand caractère : une figure d'homme à longue barbe rousse, debout, revêtu d'un pourpoint de velours noir et d'un manteau bordé de fourrures. Il a la main sur une table couverte d'un tapis où pose un écritoire. C'est beau comme les portraits des grands maîtres. L'autre, c'est le portrait de l'amiral Cornélis de Witte, de Bol. Superbe aussi. La tête, emplie de vie, est un peu dure, sèche; mais il y a là une main d'une facture grasse et brossée en pleine pâte, qu'on dirait vraiment faite par Rembrandt.

Quant aux autres portraits, ils sont de deuxième ordre. Le Holbein, un buste d'homme sur un fond vert criard, est quelconque. Est-ce un Holbein? Il n'y a pas là le sentiment pénétrant du maître : s'y trouve tout au plus sa manière de composer un tableau. Disons la même chose d'une nature morte de Héda. Les Héda sont plus fins et plus sentis. Dans le tableau exposé, l'ordonnance, la façon de disposer les objets, le côté décoratif, sont bien dans la manière de Héda, mais jamais du pinceau du peintre hollandais ne sont sorties ces lourdeurs et ces grossièretés de coloris. Un Jordaens : *Nymphes et Satyres*; il y a, chose singulière, dans la composition générale du tableau, dans les attitudes des personnages, les accessoires, comme un reflet des maîtres français du XVIIIe siècle. C'est presqu'un Boucher.

Signalons un Siberechts, le *Passage du gué*, moins beau que celui du Musée ancien, une *Collation en danger* de De Heem; un Fyt : des chiens de chasse, des lévriers, une biche tuée, les quatre pattes liées à un fusil, et dans un fond décoratif, les tours d'une ville. Une *Allégorie* de Snyders. Quel bel art de décoration, solide et puissant, fougueux, fait d'un jet — et plein de richesses de coloration.

Vis-à-vis de la galerie Wilson, on a exposé une série de tableautins, études, aquarelles, dessins, représentant le Bruxelles d'avant les « travaux de la Senne ». Certes, cela aura donné à quelques *Brusseleers* plus d'émotion que dix-huit verres de lambic. Car, cela rappelle toute la ville de jadis — ce jadis encore bien vivant en la mémoire — et des souvenirs jaillissent en masse.

C'est le vieux coin de la capitale disparu, qui avait tant de caractère et de couleur, si empli d'intimité : les ruelles grouillant de monde, les murailles lézardées, montrant leurs briques, leurs plâtres défraîchis, percées de petites fenêtres qu'égayaient des pots de fleurs et surmontées de toitures dévorées par la mousse, et ornées de girouettes et de colombiers.

Ce décor de masures, dont les toits rouges pétaient dans le ciel, se reflétait dans la Senne, qui serpentait capricieusement dans le bas de la ville, sous des ponts aux balustrades en fer, aux arches où s'accrochaient des herbes entre les grosses pierres vermoulues. Elle était bordée tantôt de jardinets, fleuris au printemps de lilas et bordés de lattis où s'accrochaient des vignes, tantôt de hautes maisons flanquées de

baraques en planches ou de gloriettes suspendues qui la
surplombaient, tantôt de serres, où vieillissaient des statuettes
en plâtre.

Les brasseries, dont les cheminées trapues lançaient leurs
suies au ciel, au dessus du cours de la rivière, où elles pre-
naient l'eau de leurs bières, penchaient des grues pour descendre les tonneaux, jetaient des passerelles, allongeaient des
tuyaux qui lançaient des vapeurs blanches ; des portes de tan-
neries s'ouvraient au ras de l'onde, brunie par le tan et le cuir,
et brisée, en son lit peu profond, par des détritus jetés des
fenêtres et par des pilastres enfoncés dans ses boues.

C'étaient, à chaque instant, des aspects imprévus, des
chapelles, des statues de saints à chaque tournant de rue ;
des pignons à la mode espagnole dégringolant le long des
ardoises ; des lignées de petites boutiques basses, une hampe
de drapeau à leur ventre, les marchandises pendues au
dehors, des monceaux de sabots à leurs portes, des coton-
nettes ballonnées par le vent devant leur vitrine, des paquets
de balais, de brosses, ou des sacs de fèves et de grains sur les
trottoirs ; des magasins avec des plies séchées, des harengs
saurs, des citrons et des raies à leur étal. C'était la rue des
Bateaux, dont les maisons vieillottes, badigeonnées crûment,
semblaient se soutenir mutuellement, — puis les marchés : le
marché au beurre, planté de grands ormes, et entouré de
petites échoppes où les paysans d'Anderlecht apportaient les
jaunes saveurs de leurs laitages, le marché Saint-Géry dont
une fontaine en forme d'obélisque surmontée d'une étoile
rafraîchissait l'intérieur, le marché aux poissons le long de la
Senne où les marchands allaient nettoyer leurs marées. Soudain : la cour de l'hospice Sainte-Gertrude, mélancolique
comme un cloître. Et parfois, entre deux toits rouges au violent flamboi sous la tapée du soleil, on apercevait la statue
dorée de Saint-Michel, le patron de la cité, étincelant dans
l'azur au dessus de la flèche gothique de l'Hôtel de Ville.

Et rien n'est charmant comme ces vieux souvenirs dormant
là-bas, sous les grands combles de la Maison du Roi. Une
horloge tictaque ainsi que dans les vieux « estaminets » et

semble la plainte d'un Bruxellois défunt en 1830, attiré par cette résurrection et réclamant sa pipe et son verre de bière. Par les fenêtres à petits carreaux, on voit la Grand'Place, ses belles maisons de corporations et leurs architectures magnifiques. D'un autre côté, c'est le grouillis des toits du centre de la ville avec les fils téléphoniques tendus au dessus des ardoises, tel un réseau de toiles d'araignées. Tout au loin, la campagne et le moulin de Ganshoren. Et, rejetant des regards sur les aquarelles et les croquis, on voit celles représentant les vieux « environs de Bruxelles ». Le féodal château de Beersel, en ruines, secouant ses dernières briques ; l'église de Hal, célèbre par son pèlerinage ; la ferme du Château bleu, et ses pigeonniers ; l'antique chapelle de Scheut, perdue au milieu des champs, solitaire comme une bigote en prières ; la ferme de Cooleland, à Molenbeek-Saint-Jean, avec ses volets vermoulus, ses pignons en escaliers, son aspect romantique, au centre de ses vergers et de bouquets d'arbres ; le canal de Willebroeck, idyllique, là-bas, du côté riant des Trois-Fontaines, des gaietés fines en ses eaux, ses cottages, ses rideaux de peupliers — et le moulin Saint-Michel, très grave, très vieux, très pittoresque, qui paraît garder cette jeunesse de verdure, de ciel et d'onde.

Juin 1887.

Jef Lambeaux

Le carton que Jef Lambeaux vient de terminer : *Humanité*
— un fusain immense, de grandes proportions — est une des
œuvres qui ont, en ces derniers temps, occasionné le plus de
tapage et allumé les plus passionnées querelles artistiques.

Jef Lambeaux est un de nos artistes les plus remarquables.
C'est comme un Jordaens sculpteur, à la touche nerveuse et
sanguine. Sculpteur *coloriste*, il a, je dirai, de la palette, une
palette barbouillée de sang flamand. Ses nymphes sont les
belles gouges aux lèvres égrillardes — comme dans la *Folle
chanson* — aux chairs frissonnantes, à la peau tentante et
chaude, aux nerfs vibrants. Elles sont brûlées de la liesse des
grands soleils, étourdies par les bacchanales et mordues par
les ruts des faunes. Leurs rires — on les dirait rougis par les
raisins écrasés des vendanges ; elles se sont balancées aux branches des futaies, elles ont couru à travers les sous bois, elles se
sont baignées aux sources, lutinant avec les sylvains dont les
pattes de boucs foulent les roseaux et piétinent les cuves des
vignobles ; ce sont les prêtresses ivres du grand Pan. Puis —
dans les *Lutteurs* — voilà la force du mâle, les contractions
des muscles et des corps enlacés, le poème de la force et de la
vigueur : les bras serrant les torses comme des serpents, les
poitrines haletantes, les faces contractées par l'effort.

Toute cette sarabande de faunes, de nymphes, de lutteurs
est modelée nerveusement, truellée d'une patte maîtresse.

Lambeaux a une façon de voir, grasse et rouge, qui le rapproche des vieux maîtres flamands. Ses nudités, loin d'être classiques et froides ainsi que celles des Bouguereau et autres faiseurs de nymphes, vibrent, au contraire, de vie et de santé. Le sang leur pète à la peau. On dirait qu'elles vont sauter de leur socle, et, les cuivres sonnant, les flûtes vrillant les oreilles, avec des cris et des furies, s'enrouler sous un soleil baisant les ventres et les seins, en quelque ronde bachique. Lambeaux rêve de luttes et de ruts. Il fait tressaillir la chair et en module les pâmoisons et les spasmes. Il y a une hystérie au fond de son art, qui fait, le long de ses plâtres, courir les frissons des concupiscences et des ivresses érotiques.

Dans le carton : *Humanité*, c'est ce même côté *chair* qui est le plus remarquable.

Par l'arrangement des épisodes, il se divise en deux parties contradictoires : d'un côté, les bonnes passions de l'homme, de l'autre, les mauvaises — et toutes forment un cycle qui évolue autour de la mort dressée au dessus et dominatrice.

Les passions humaines sont symbolisées en des personnages nus. La guerre est représentée par un gaillard qui se dresse solidement, héros de musculature, et abat son ennemi à la carcasse plus fine, qui cède à la brutalité et tombe. L'ivresse, c'est une femme aux chairs rebondies, à la peau grasse, au geste paresseux. Voici la gouge, dont le maigre thorax est vidé par les délires ; la jeune fille, aux seins chastes, comme des fruits intacts ; la mère, à la poitrine appesantie par les allaitements. Toutes les passions se groupent là, et, dans un coin, s'érige une figure de Christ, du noir grouillis des maux dont souffrent les hommes. Au sommet du carton une lumière éclate, derrière la figure de la mort. Elle laisse, dans l'ombre, les passions mauvaises et épand sa pureté sur la sarabande des bacchantes qui disent, en une fougueuse guirlande, la joie de vivre. Cette lumière descend en nuances fines, caressant les seins, les ventres, les cuisses, et tombe sur les corps comme une pluie argentée.

Mais en cette œuvre nouvelle on cherche, en vain, le nerveux et libre artiste qu'était Jef Lambeaux. Çà et là, certes, voilà de magnifiques *anatomies*, de belles empoignades de membres, de mâles attitudes, des souffrances de muscles tendus et se tordant, de belles coulées de chairs. Pourtant cette vie intense de la *Folle chanson* et du *Baiser* a disparu. Le feu ardent qui plaquait ses reflets au plâtre semble éteint, ici. Un vent froid d'académie a soufflé dessus. Car, au lieu de s'abandonner à la hardiesse de son tempérament et à la fougue de son imagination, Jef Lambeaux s'est laissé dominer par des souvenirs qui le hantaient et, voulant faire une grande œuvre, a cru qu'il fallait s'inspirer de grands artistes des autres siècles, et sacrifier aux traditions des écoles.

Qu'a-t-il voulu faire ? Il intitule son œuvre : *Humanité*. Le premier titre était : *les Passions humaines*. C'est donc une œuvre symbolique, et l'on a le droit d'exiger plus que de la plastique, de belles formes et de solides *morceaux*. Ce n'est plus la bacchante qui coule une gaillardise à l'oreille d'un satyre, dont le ventre hilare se plisse d'aise, ou les deux jouvenceaux aux maigres corps d'adolescents se baisant au passage dans un frémissement amoureux. L'artiste a voulu s'élancer ambitieusement dans les hautes sphères qu'en les académies on appelle « le grand art ». Il a brossé une fresque où il semble prétendre tailler comme l'effigie de l'âme humaine elle-même. L'*Humanité*?..... On sent la volonté de créer une œuvre qui *reste* et d'escalader un de ces sommets d'art que le soleil des siècles, en se couchant dans les passés, éclaire toujours.

Baudelaire disait un jour que l'art consiste à trouver l'éternel dans le transitoire. Deux éléments, donc : l'éternel et le présent. L'artiste dit quelque chose d'éternellement vrai, tout en restant l'homme *de son époque*. Et plus : c'est avec les éléments que son temps lui donne, et même avec ceux-là seuls, pris dans la vie d'alentour et l'atmosphère ambiante, et qu'il peut comprendre et dont il peut se pénétrer, qu'il arrivera à faire une œuvre sincère et originale, élevée à une véritable et solide grandeur. Une qualité essentielle de l'œuvre d'art, c'est qu'elle reflète la période où elle est éclose. La compréhension de son époque, l'étude de son siècle, dont son œuvre doit être imprégné, est une des caractéristiques de l'artiste. C'est ce qui donne le *caractère* à une chose. D'autant plus intensément saille cette note du temps, d'autant plus on a d'*art*.

Si l'on analyse le carton de Jef Lambeaux, que voit-on d'abord? Plus que l'inspiration — l'imitation même des maîtres de l'antiquité et de la Renaissance. Du Michel-Ange, qu'on essaie de refaire. Tout rappelle les anatomies du grand maître italien, sa manière de comprendre le corps humain, sa façon de grouper les personnages. A ce point de vue le groupe de la maternité et celui de l'amour sont frappants. Certaines têtes paraissent détachées des fresques même de Buonarotti. Et l'on devine un dieu adoré dans le passé, une étoile sans cesse contemplée au ciel de l'art et vers laquelle le sculpteur cherche à se hisser. En ce sens, cette œuvre est classique, et Lambeaux a eu beau travailler scrupuleusement devant un modèle, en s'efforçant de noter tout ce qui pouvait donner son caractère, il semble qu'une main de professeur d'académie soit venue parfois diriger la sienne et que l'artiste ait vu son modèle à travers une œuvre de musée.

C'est pourquoi l'œuvre manque de grandeur et de signification. L'idée manque, l'âme, la pensée. Ce replâtrage de Michel-Ange est creux, emphatique, déclamatoire et boursouflé. On ne recommence pas une époque d'art. Chaque siècle a sa floraison comme chaque zone a sa place. Quand une époque est enterrée dans les tombeaux du temps, elle ne ressuscite pas, et si on descelle la pierre qui la couvre, il ne surgit qu'un revenant.

Certes — les temps d'orgueil et de renaissance étaient bien dits en ces formes héroïques — Rubens et Michel-Ange sont les interprètes d'époques glorieuses et opulentes. Il y avait alors, dans les esprits, un calme et une grandeur qui n'existent plus.

Mais ressusciter actuellement ces formules d'art? C'est une erreur et une faiblesse. Notre siècle se tord et souffre. C'est un monstre tourmenté, cherchant où dérouler librement ses anneaux. Les grandes idées de force et de santé des siècles précédents, gisent, comme des marbres brisés après un passage d'iconoclastes. Une époque souffre quand le faîte intellectuel vient ainsi à manquer. Elle s'inquiète, et cherche en vain son salut, de ses mains crispées.

Peu de temps ont été aussi incertains, aussi passionnés, aussi malades, aussi variables que les nôtres. Jamais n'ont grondé, peut-être, de tels orages dans les âmes, jamais les esprits n'ont été aussi compliqués, aussi torturés, aussi mal à l'aise. Et pour dire toutes ces choses, la sculpture ne possède que des formules surannées.

Je voudrais insister sur ces idées. Car la sculpture de notre époque est entièrement dominée par ces imitations de choses passées. On dirait quelque pignon de maison ancienne maintenu en la rue moderne. Quel rapport entre l'esprit de nos années turbulentes, angoissées, fiévreuses, diaboliques et ces marbres annuellement en guirlande dans les halls des salons, puant l'académie quand ils ne sont pas inspirés par un refrain de café-concert. Jamais la sculpture n'a traversé une période aussi-stérile, aussi banale, aussi *insignifiante*. On dirait vraiment qu'elle est impuissante, par son essence et sa nature mêmes, à rendre les idées et les sensations contemporaines, si n'émergeaient quelques rares : Carpeaux, Rodin, Meunier. Et encore — Rodin a brûlé ses plâtres au foyer de modernité intense qu'a allumé Félicien Rops, et Meunier s'inspire de Millet, dont il semble parfois *transposer* les tableaux en ses statues. La sculpture piétine sur place et se rabougrit. Il lui faut un nouvel essor vers des nouveautés et des idées plus récentes. Les sculpteurs actuels ne sont que des faiseurs de morceaux ou de décors. Des ouvriers, en somme, des praticiens habiles, mais qui manquent d'intellectualité et de pénétrance.

Le carton de Jef Lambeaux est un exemple frappant qui justifie ces dires. Cela passe à côté de notre époque. Cela rate son but. C'est une œuvre sans idée, sans sentiment, sans base et sans raison d'être. Elle s'empêtre lourdement dans des formules d'antan et se trouve être aux marbres de Michel-Ange ce que les mauvaises tragédies de 1830 sont aux drames de Corneille.

Novembre 1889.

Fiançailles

A Arthur James.

Et l'on reste pris d'un amour qui ferait cueillir des scabieuses et des lys pour les placer au bas du cadre — devant cette Hollandaise du jadis, portant des boucles en perles. A son chapeau, une grande plume laisse tomber des caresses sur ses joues satinées de rose; elle est blonde ainsi que les filles de Haarlem — et sa main long gantée tient une branche de muguet. Avec sa robe noire, serrant une taille souple, la jeune enfant revient d'une promenade où elle a chevauché un fringant pommelé, sans doute.

Elle rentre se parer pour le repas du soir. Voici qu'un perron s'ouvre : un négrillon en soie orange accourt, car elle est la fille d'un très riche armateur de Néerlande. Son père possède cinq navires; durant ses loisirs, il cultive des tulipes, et il fume, aux veillées, en des pipes de Gouda.

Parvenue sous le portique de son hôtel — où des clématites courent à travers les ferronneries de la façade — sa main dans les cheveux crépus du nègre, entourée de deux levrettes qui frémissent à ses côtés comme des cordes de cithare, elle donne au parc un regard joyeux : le soleil brille sur les arbres et les statues sont glorieuses. Là-bas : les toits de la cité, des pignons de brique, des enseignes en faïence bleue, et les tours des églises, ouvrées, des pigeons voletant autour d'elles. Et, par là, de paisibles prairies, où des bœufs paissent, et, le long des saulées, des hérons qui essorent vers les moulins à vent.

Elle entre dans le corridor pavé de dalles noires et roses, et lutine, en passant, un perroquet hissé sur un perchoir. Une grande horloge à incrustations tictaque dans la sonorité de l'allée. Des fumets de gibiers cuisant dans les épices montent de la cuisine. Cette atmosphère de maison cossue et le calme balancé des heures dans la boîte de la pendule mettent au cœur de la blonde demoiselle un sentiment de bien-être et de délassement. C'est avec une molle volupté qu'elle foule le smyrne des escaliers, et qu'elle fait courir, le long de la rampe en chêne massif, sa main blanche.

La voilà bientôt à sa toilette. Sa camériste coiffée d'un bonnet blanc dont les larges plis entourent son visage comme d'un nimbe candide, s'empresse. Elle est déjà déshabillée. Et tandis que la servante verse une eau parfumée, la maîtresse, sans prêter attention aux jeux d'un ouistiti cherchant à mordre le corselet d'une des levrettes, regarde chastement ses seins : ils sont d'une blancheur de mouette et les tulipes de son père n'ont pas de bouton plus délicat. Avec un geste lent de cygne frottant son bec au duvet de ses ailes, elle lève la tête ; dans son cou se dessine un pli délicieux, et, ses bras nus croisés derrière sa nuque, elle pique un bijou dans sa chevelure. Son œil baigne en une humidité d'aurore. N'est-ce pas que les filles dont l'âme s'éveille sont telles que les fleurs, sous les ifs bien taillés des quinconces, leur calice entr'ouvert pour le premier matin ? Ce sont deux fraîcheurs pareilles et qu'on enserre, l'une dans les tulipiers et l'autre dans l'écrin du mariage.

Elle se contemple coquettement en une glace de Venise. Sur le lavabo, dont la laque est incrustée de fleurettes de nacre, et autour duquel flottent la bonne odeur du linge et le relent des benjoins épandus sur le marbre — posent des bougeoirs d'argent.

Une miniature de Terburg pend près du lit à baldaquin bleu : le portrait de la jeune fille, encore enfant, comme un soyeux lever de gaieté. Le soleil, par une fenêtre à petits carreaux, sert une galette de lumière à la muraille. Et tandis que

la suivante tire d'un bahut des dentelles de Malines, une colle-
rette et une longue robe en soie, couleur saumon, un canari
lance ses trilles d'une cage faite de faïence et de fils en cuivre.

Pendant que s'embellit ainsi la gente demoiselle pour le
repas du soir, on apprête une table magnifique dans la grande
salle lambrissée de chêne, où sont pendus les portraits de
famille. Le jour empourpré des vitres en losange ajoute sa
chaude richesse à l'opulence des argenteries et à l'éclat des
hanaps de Bohême et des verres vénitiens dressés sur la nappe
brodée. Des grappes de raisins, des grenades saignantes, près
de l'or des abricots, avec des chaleurs de serre et des lumières
d'été en leurs pulpes, érigent des pyramides. Quelques serviteurs donnent les derniers soins à l'arrangement des porcelaines et des cruchons pansus ; un tulipier de Delft fleurit le
service d'une constellation de corolles veinées. Par la porte
arrivent les bouffées aromatiques d'exquises cuisines — et l'on
servira des huîtres et des citrons coupés.

La salle est sévère et cossue. Des colonnettes de marbre
soutiennent la cheminée ; des draperies de damas étouffent le
jour et le parquet ciré reluit. Autour de la table, des fauteuils,
dont les dossiers en cuir de Cordoue allument comme des
couchants d'automne, ouvrent leurs bras noirs aux dîneurs.

Mais la jeune fille entre — telle une bouffée de grand air
embaumée des senteurs d'un jardin, par les matins d'avril,
quand on sort des serres hivernales les lauriers et les oran-
gers — et elle rejoint sa mère. Celle-ci surveillait la mise des
desserts et des porcelaines. Elle est toute de sombre vêtue, la
figure amatie par l'ombre d'un camail blanc qui enserre sa tête,
comme un béguin de religieuse, et fait ressortir la couleur
cireuse de ses chairs ridées. Son regard est calme. Une lourde
broche s'agrafe à son corsage et une plaque d'or brille à son
front.

Les deux femmes regardent à la fenêtre. Car le père arrive,
traversant lentement le parc, une grande canne, à pommeau
de fin saxe, à la main. Il montre avec orgueil les tilleuls de
sa futaie, qui se découpent sur le fond d'or du soleil couchant,
et entourent ses entrepôts d'un rideau de feuillage, — et puis

aussi des palmiers, qui viennent des pays africains. Il est accompagné d'un jeune homme à figure bien portante, encadrée d'un ruissellement de cheveux cendrés ; des brandebourgs d'argent ornent sa poitrine. Le mollet serré en un bas de soie il s'avance portant à la main un bouquet de roses, avec cérémonie — et il est le fils de ce grand marchand, dont les navires ont débarqué l'an dernier le plus d'épices et d'ivoire.

Qu'on allume, aux candélabres, les chandelles de suif ! Et qu'on glisse le clavecin jusqu'à la grande salle !

Car, le souper fini, tandis que les fruits blessés par les couteaux aux manches précieux ouvriront leurs chairs, que le thé jaunira les porcelaines de Chine et que les valets emporteront les dernières vaisselles chiffrées, couvertes d'une arête de lamproie ou d'une carcasse de bécassine — le maître fumera des pipes, un coude sur la nappe jaunie par la lumière des mèches, sérieusement, comme un prêtre bouddhique contemple les parfums brûlant des encensoirs. Et sa femme, la lueur des lampes sur son béguin, penchée sur un carreau de dentellière, à rouge coussinet, se distraira en brodant des collerettes : c'est qu'elle est telle qu'une abeille, laborieuse et discrète en cette riche maison.

Le damas, levé à la fenêtre, montre, au clair de lune, le canal, et, sous le ciel bleu, un faisceau de mâts dans le rêve nocturne.

Les amoureux font de la musique. La demoiselle en robe saumon s'assied au clavecin, qui résonne de moelleux arpèges en un coin mi-obscur de la salle, et dont le couvercle, où De Heem a peint des fleurs, est levé. Et le jeune seigneur à brandebourgs d'argent, la jambe bien cambrée et la bouche expressive, chante debout, après avoir dépendu une guitare dont il pince les cordes d'un geste de distinction charmante.

Octobre 1889.

Joris-Karl Huysmans, critique d'art

Un nouveau livre de M. J.-K. Huysmans vient de paraître :
« CERTAINS », série d'études nettes et précises, — complément
de *l'Art moderne*, et qui siffle tel qu'une flèche aux oreilles
de ceux qui régentent l'art du haut des Instituts et des
Académies.

M. J.-K. Huysmans est un des esprits les plus curieux de ce
temps. Il s'est, lui aussi, frileux de l'air du dehors, confiné en
cette serre chaude de l'art et de la littérature, dans laquelle se
sont réfugiés les plus artistes de nos écrivains, écœurés de la
banalité — *ennuiverselle*, eût dit Jules Laforgue — de « notre
monde », où l'originalité s'efface, l'intimité se noie dans la
foule maîtresse, la couleur locale des choses et la couleur
locale des esprits s'atténuent, peu à peu, jusqu'au gris sans
éclat, sans pétard, rêvé sans doute par les prôneurs de l'éga-
lité. Car, non seulement le monde entier se vêtira de fracs
et de redingotes, se logera dans des « maisons Monnier »
le long de boulevards suant l'ennui par toutes leurs pierres,
puant la salauderie des entrepreneurs qui les ont bâtis, plantés
de verdures maladives, salis des affiches électorales et phar-
maceutiques ou des réclames du cabotinage qui cuisine dans
les gargotes des cafés-concerts les recréations spirituelles des
masses ; mais encore des savants inventeront nécessairement
des cervelles toutes faites, comme de petites « commodes » de
science, avec des tiroirs où l'on trouve justement ce qu'il faut
savoir en chaque branche des connaissances humaines pour
parfaire le gentleman accompli des populations dont nous
menacent les apôtres de l'instruction obligatoire ; on confec-

tionnera des intelligences à la grosse, et la surface de l'esprit sera plane et lisse comme une mer morte, uniforme ainsi que les toitures en zinc qui couvrent Paris.

M. J.-K. Huysmans résume ces idées en cette poignée de phrases : « En effet, quand le moment est définitivement venu où l'argent est le saint des saints devant lequel toute une humanité, à plat ventre, bave de convoitise et prie ; quand un pays avarié par une politique accessible à tous, suppure par tous les abcès de ses réunions et de sa presse ; quand l'art méprisé se ravale de lui-même au niveau de l'acheteur ; quand l'œuvre artiste, pure, est universellement considérée comme le crime de lèse-majesté d'un vieux monde, saoûlé de lieux communs et d'ordures, il arrive fatalement que quelques êtres, égarés dans l'horreur de ces temps, rêvent à l'écart, et que de l'humus de leurs songes jaillissent d'inconcevables fleurs d'un éclat vibrant, d'un parfum fiévreux et altier, si triste ! La théorie du milieu, adaptée par M. Taine à l'art est juste — mais juste à rebours, alors qu'il s'agit de grands artistes, car le milieu agit sur eux alors par la révolte, par la haine qu'il leur inspire ».

M. J.-K. Huysmans lui-même — ces paroles âpres le disent assez ! — est un des plus dégoûtés de son siècle. Il s'en désintéresserait, le laisserait à sa politique et à son mercantilisme, pour ne vivre que pour l'art. Il possède d'ailleurs un tempérament chagrin et sa nature morose lui fait découvrir, en tout, le mal d'abord, la tache, qui lui causent un ennui et le navrent. Il se retire, blessé, estimant que « seul le pire arrive », et il se crée un pessimisme amer, fait du dégoût des êtres et des idées qui pullulent autour de lui et à qui il a dû se frotter. Mais ce sentiment a des étroitessses, et s'arrête souvent à un horizon de rancœur et de malaise. M. Huysmans se plaindrait de la mauvaise qualité des plats du jour aux restaurants parisiens et se chagrinerait d'un changement de gravures à l'étal d'un antiquaire. Ce n'est pas la douleur noire tordant ses grandes ailes de détresse au ciel de la littérature russe, ou le plain-chant du mal qui balance ses rythmes sonores dans les vers de Baudelaire, — c'est un pessimisme fermé d'aristocrate, que le détail choque, à qui une fausse note en une symphonie procure des migraines, et qui se plaint que les bahuts du Musée de Cluny puissent être copiés par les ébénistes de la camelote. Son néant est fait du manque de livres vraiment artistes, et ses blessures sont des picotements. Sybarite de l'esprit, une feuille de rose mal peinte gâterait son repos.

Alors, il s'irrite, et, blessé, cet aristo voit rouge et darde des phrases pleines de sang ; et sa main qui a caressé les orchidées des Indes et qui se plaît à soupeser des saphirines ou des ivoires japonais, forge des armes d'airain, piquantes, mordues de damasquineries solides, et d'une belle trempe qui sonne ferme et clair. On croirait à tort que, froissé par le train-train et les quotidiennetés, écœuré par les universels trottoirs que piétinent les foules, il se retire, comme son héros des Esseintes, en un réduit rare, où il oublie et vive d'une vie artificielle, avec, autour de lui, curieusement réunis, des excitants à ses rêves, des opiums d'ivresses artistes, — en dehors de la communauté, indifférent et lassé d'elle. Mais ce vibrant a des colères, et, quand il apparaît, c'est flagellant et corrosif. Il a besoin de clamer sa rage en des verbes sans pitié, de brûler les dartres et les ulcères malins du fer rouge de son style, de faire braséer sa vengeance des mesquineries et des banalités. C'est le mystérieux besoin de *produire* qui pousse l'artiste hors son dédain et lui fait jeter ses amers pensers entre les jaunes couvertures des Charpentier. Et, par réaction, il a pour quelques rares de belles et chaudes flambées d'admiration. Dans son ardeur de lutte et de combat, il dépense la même énergie pour applaudir à des gloires méritées que pour cracher ses mépris et déverser l'âpre hottée de ses haines. On dirait qu'il ouvre alors une soupape à des besoins d'action, à un réservoir d'activités, que son temps ne lui permet de dépenser et qui s'insurgent. C'est comme un furieux débouché, une échappée de vitalité intense, qui roule les verbes colériques ou enthousiastes de ses proses.

C'était le tempérament qu'il fallait pour devenir un critique d'art de premier ordre. Mais à cela s'ajoute un élément nouveau qui renforce encore la puissance du premier, et qui explique la personnelle compréhension de la peinture qu'a montrée M. Huysmans. Il descend de père hollandais et il semble qu'en lui se soit transmise une hérédité de petit maître. Cela transparaît dans ses études et dans ses romans. Dans *A vau l'eau*, Folantin regrette « les estampes de la vie intime flamande, maintenant reléguées dans les cartons, par suite de l'engouement des collectionneurs pour l'école française », et plus tard le même Folantin (malgré lui, et quelqu'effort qu'il fasse pour noter scrupuleusement leur psychologie, M. Huysmans transparaît toujours, par instants, dans ses personnages) fait disparaître les cloisons de sa chambre « sous les gravures d'Ostade, de Teniers, de tous les peintres de la vie réelle, dont il raffolait ». Dans l'*Art moderne*, il est écrit, à propos des Breughel, des Steens, des Terburg : « Ces gens fument la terre de leur patrie, pipent et boivent, sans rouler des pensées subtiles ou profondes et cependant sont peints avec un style superbe que ni les Laurens, ni les Chavannes, ni les Cazin n'atteindront jamais, en dépit de toutes leurs recettes apprises pour fabriquer du grand art ». Des Esseintes lui-même, ce mannequin morbide que M. Huysmans a affublé curieusement d'une sorte d'exaspération de tous ses propres goûts, rares ou étranges, poussés à l'extrême, et qu'il a pimenté des névroses et des maladies mentales de cette fin de siècle, dans l'arrangement de sa maison et l'habillement de ses serviteurs, fait fabriquer à sa femme de ménage « un costume en faille flamande, avec bonnet blanc et large capuchon, baissé, noir, tel qu'en portent encore, à Gand, les femmes du béguinage. L'ombre de cette coiffe passant devant lui, dans le crépuscule, lui donnait la sensation d'un cloître, lui rappelait ces muets et dévots villages, ces quartiers morts, enfermés et enfouis dans le coin d'une active et vivante ville ». Ce sont, ainsi, revenant en ses livres, souvent, des souvenirs sonnant l'intimité des vieux peintres d'antan, — tels que des bercers d'horloges anciennes, — des nostalgies de passés flamands et, en des lumières à la Pieter de Hoghe, des béguins d'ancêtre hollandaise. Avec la Hollande, un autre pays attire « Monsieur des Esseintes » en sa vie sédentaire : l'Angleterre — pays des brumes et des boues, avec des Tamises grouillantes et noires, bordées de docks colossaux, sous des ciels de suie, avec des « bars » aux émanations d'alcool, des intérieurs évoquant ceux de Charles Dickens, le « home » et ses lumières, douces veilleuses en la rogue brutalité d'alentour, et des figures bigotes de clergyman ou d'apoplectiques buveurs de porto ou de gin. C'est à ce penchant pour cette terre si *colorée* qu'on doit les études sur Walter Crane, Miss Kate Greeneway, Caldecott et Thomas Rowlandson, — et aussi ces quelques admirables et consistantes pages où des Esseintes fait un tour de Londres en restant à Paris même, dans les « Galignan's Messenger », les caves des « Bodegas », les « tavernes », par un temps de pluie qui fait ressembler les arcades de la rue de Rivoli à un de ces mornes tunnels creusés sous la Tamise, — pages subtiles, où se condensent comme l'essence et l'arôme du coloris et de l'art du pays des Watts et des Turner. Car « Monsieur des Esseintes » ne veut pas désenchanter la physionomie que les artistes anglais lui ont suggérée de leur pays ; déjà la vue des Pays-Bas l'a déçu ; en effet, « il s'était figuré une Hollande, d'après les œuvres de Teniers et de Steen, de Rembrandt et d'Ostade, se façonnant d'avance, à son usage, d'incomparables juiveries aussi dorées que des cuirs de Cordoue par le soleil ; s'imaginant de prodigieuses kermesses, de continuelles ribotes dans les campagnes ; s'attendant à cette bonhomie patriarcale, à cette joviale débauche célébrées par les vieux maîtres.

« Certes, Haarlem et Amsterdam l'avaient séduit ; le peuple, non décrassé, vu, dans les vraies campagnes, ressemblait bien à celui peint par Van Ostade, avec ses enfants non équarris et taillés à la serpe et ses commères grasses à lard, bosselées de gros tetons et de gros ventres ; mais de joies effrénées, d'ivrogneries familiales, point ; en résumé, il devait le reconnaître, l'école hollandaise du Louvre l'avait égaré ; elle avait simplement servi de tremplin à ses rêves ; il s'était élancé, avait bondi sur une fausse piste et erré dans des visions inégalables, ne découvrant nullement sur la terre, ce pays magique et réel qu'il espérait, ne voyant point, sur des gazons semés de futailles, des danses de paysans et de paysannes pleurant de joie, trépignant de bonheur, s'allégeant à force de rire, dans leurs jupes et dans leurs chausses. »

Sans doute, est-ce cette nature de peintre qui fait à M. Huysmans rendre aussi intensément les intérieurs et les coins du feu de ses romans et qui écrase sur sa palette les couleurs puissantes de ses descriptions, complètes et évocatives comme des tableaux. Car il est maître coloriste : il fait merveilleusement vibrer les tons et détaille les nuances ; nulle subtilité n'échappe à sa rétine, et les mystérieux accords que plaquent des bijoux sur une cuirasse d'or, les gavottes et les cantilènes des étoffes précieuses, les orchestrations épicées et cruelles des plantes exotiques des serres, ont en lui un auditeur sérieux et un interprète d'une virtuosité sans égale.

M. J.-K. Huysmans est donc un des premiers critiques d'art actuels. Certes, il est bien difficile de parler avec justesse de l'époque où l'on vit. Il semble qu'on n'en puisse voir que les détails, les coins, les minuties, et que les ensembles et les harmonies échappent et exigent, par leur perception et leur appréciation, un lointain d'années. Le milieu enchaîne ; le bain d'idées où son alentour plonge le critique lui laisse de ses effluves ; le boulet de la mode et de l'actualité le retient. Mais il est, entre les artistes d'aujourd'hui et les gens de leur temps une séparation nette et constante. Comme Rusbrock l'Admirable en l'épigraphe d'*A Rebours* semble l'avoir écrit pour nos artistes : « il faut que je me réjouisse au dessus du temps..., quoique le monde ait horreur de ma joie, et que sa grossièreté ne sache pas ce que je veux dire ». Une désunion se marque de plus en plus, un désaccord qui fait vibrer parfois d'exaspérées fausses notes. Et d'ailleurs, il semble que jamais on n'eut l'esprit critique aussi développé qu'en nos temps, — temps curieux du passé, scientifiques, ressusciteurs, exhumateurs — et pour juger nos alentours, récréateurs d'époques de comparaisons nombreuses.

Mais — outre qu'il est vert mépriseur de l'opinion reçue — M. J.-K. Huysmans n'est ni un philosophe, ni un raisonneur. Sa critique est sans prétention doctorale et ne part pas, comme celle de M. Taine à la recherche des causes, plongeant aux fonds de l'esthétisme et en rapportant de grands systèmes édifiés. Il énonce rarement des idées « larges ou profondes ». C'est, avant tout, un curieux et un pénétrant. Il n'explique pas et ne justifie pas l'œuvre dont il parle. Il la sertit dans le métal magique de ses phrases, et, avec un geste d'annonciateur, en fait jaillir à la lumière toutes les beautés. En cela, il est un *pur artiste*. De même que ses romans ne sont nullement écrits avec des préoccupations à la Schopenhauer, comme l'ont prétendu des écrivains, mais simplement pour le plaisir du verbe, de la couleur, et de la vie rendue, — ainsi l'on pourrait dire qu'en certaines études sur des peintres, M. Huysmans a délaissé la critique, enivré de la joie des phrases à ciseler d'après les tableaux soumis à ses appréciations.

Nul — si on excepte peut-être les Goncourt — n'a mieux scruté l'œuvre peinte. Jadis, Paul de Saint-Victor et Théophile Gautier, aussi, ont rendu la peinture par l'écriture, en une sorte de transposition, avec le charme souverain de leurs styles chatoyants, mais aucun d'eux n'a *vu aussi juste*, et, souvent, Saint-Victor surtout, ils ont enroulé des banderoles de leurs phrases des toiles médiocres et ont glorifié des cadres maintenant oubliés. M. J.-K. Huysmans pénètre plus avant; il ne s'amuse pas aux bagatelles des Salons, dédaigne les tièdes, et, ne faisant pas de virtuosité à fonds perdus, se restreint dans l'admiration de quelques uns, qu'avec son flair de l'art, il sait être de grands artistes.

Relisez dans *A rebours* ces Moreau : *Salomé* et *l'Apparition*, et, dans *Certains* des idées sur quelques aquarelles du même maître. Concentrez-vous en cette lecture, et l'œuvre décrit s'évoque, revit — non seulement avec son coloris enjoaillé, les gemmes de ses tons et la féerie de ses architectures, tel qu'une châsse ouvrée par quelque ciseleur d'étranges époques bouddhiques, mais aussi avec ses dessous spirituels, les mystères de ses fascinations, les clefs magiques de ses symboles, la perversité surhumaine, l'hiératisme de ses personnages, et la *littérature* de ses visions. Plus loin s'accrochent aux pages du roman des Odilon Redon — avec les noirs riches et fantastiques de leur lithographie, leurs figures d'effroi, parfois baignés de lumière d'argent, leurs épouvantes et leurs délires malsains, et ces regards de folie faisant surgir dans la mémoire « des souvenirs de fièvre typhoïde ». On dirait que M. Huys-mans enlève les bijoux enchâssés aux toiles de M. Moreau pour les relier dans ses livres ; ou que c'est le crayon même de M. Redon qui noircit son manuscrit.

C'est avec un tel tempérament et armé d'un instrument aussi solide et perçant que M. Huysmans est allé à la bataille d'art. Ses idées ? Voici, cueillie dans l'*Art moderne*, une sorte de profession de sa foi (pardon de l'expression !) : « L'on persiste à emprisonner des gens dans des salles, à leur débiter les mêmes sornettes sur l'art, à leur faire copier l'antique, et on ne leur dit pas que la beauté n'est point uniforme et invariable, qu'elle change, suivant la climature, suivant le siècle, que la Vénus de Milo, pour en choisir une, n'est ni plus intéressante, ni plus belle maintenant que ces anciennes statues du Nou-veau-Monde, bigarrées de tatouages et coiffées de plumes ; que les unes et les autres sont simplement les manifestations diverses d'un même idéal de beauté poursuivi par des races qui diffèrent ; qu'actuellement il ne s'agit plus d'atteindre le beau selon le rite vénitien ou grec, hollandais ou flamand, mais à s'efforcer de le dégager de la vie contemporaine du monde qui nous entoure. — Et il existe, et il est là, le beau ; là, dans la rue où ces malheureux qui ont pioché dans les salles du Louvre ne voient pas, en sortant, les filles qui passent, étalant le charme délicieux des jeunesses alanguies et comme divinisées par l'air débilitant des villes ; le nu est là sous ces étroites armures qui collent les bras et les cuisses, moulent le bassin, et avancent la gorge, un nu fatigué, délicat, affiné, vibrant, un nu civilisé dont la grâce travaillée désespère ! »

On conçoit qu'avec des idées telles — et si justes, pensons-nous — M. Huysmans soit l'ennemi de tous ceux qui adoptent les formules, se vêtent de loques pendant aux vieilles armoires des écoles, entrent dans les armures des musées et pontifient avec des bruits creux d'antiques ferrailles. Et aussi qu'il vitu-père quiconque s'abaisse jusqu'à flatter l'immonde croupe de la bêtise des foules : les pîtres juchés sur les tréteaux de l'art, les saltimbanques battant la grosse caisse d'une renommée qui *rapporte*, et recevant les coups de botte de tous ceux qui ont horreur des artifices et du puffisme, et estiment que la probité artistique vaut plus qu'une autre — car elle ne peut être appréciée que par quelques rares.

Dans l'*Art moderne* et dans *Certains*, c'est, à chaque page, des déboulonnements de colonnes triomphales érigées par le public, des piqûres de vessies gonflées par le journalisme, des attrapades des ganaches des Instituts, des piétinements de lauriers de contrebande et des démolitions de gloires usurpées. Le toc des réputations, la farce des talents, la ficelle des escamoteurs artistiques, le carnaval des Salons, tout est mis en pièces — et il reste comme un massacre de Guignols dont les fils seraient coupés par un spectateur mécontent de la comédie, et qui giseraient le nez sur la rampe, les bras ballants, perdant le son de leurs estomacs et en morceaux dès le premier coup alerte et précis, dirigé sur les trucs de leurs machines.

Car M. Huysmans est un rude joûteur. Il fait tomber des grêles d'épithètes cinglantes — et ses opinions portent comme des coups de poing — nettes et carrées. Il pointe dans le « mille » et le couteau sort derrière la planche. Il est des critiques qui enrubannent de regrets les observations qu'ils auraient à « émettre », et qui craignent parfois de dire leur opinion, quand ils en ont une. Il est d'ailleurs toute une école de feuilletonnistes, édulcorant leurs proses, qui servent de tampons entre l'artiste et la foule, de passerelles bienveillantes, avec des troncs à chaque bout pour les « petits bénéfices » — de vrais « ouvreurs » de réputations, des triboulets du public souverain, ricanant devant les œuvres trop hautes pour l'intellect de celui-ci. M. J.-K. Huysmans les fouette cruellement.

« Pour les critiques, dit-il, c'est un terrain de rapport que ce fluctueux terrain sur lequel ils se meuvent. Vanter ou dénigrer les artistes morts; éviter de se compromettre, en parlant de ceux qui vivent; encenser en de sportulaires phrases les vaches à lait académiques des vieux prix; baladiner avec des thèses soumises et des idées en carte; débiter, sous prétexte d'analyse, les lieux communs les plus fétides, dans une langue limoneuse, simulant sous l'obscurité des incidentes la profondeur ; tel est le truc. Le critique hésitant et satisfait, amorti et veule, qui manie cette pratique, est aussitôt réputé homme de goût, homme bien élevé, compréhensif et charmant, délicat et fin — ah ! surtout, délicat et fin ! C'est pour lui tout honneur et profit et j'imagine, du reste, que c'est là tout ce qu'il cherche. »

M. J.-K. Huysmans estime, au contraire, que « toute vérité est bonne à dire », et, désintéressé, chevalier sans peur et sans reproche, au fil de sa plume mordante il passe toutes les réputations qui ne lui semblent justifiées. D'abord M. Bouguereau, qui, « de concert avec M. Cabanel, a inventé la peinture gazeuse, la pièce soufflée », reçoit l'hommage dû à la molle chair de poulpe, aux têtes de coiffeur, à la vileté de coloration de ses Vénus. Toute la séquelle emmédaillée et enrubannée passe ensuite sous les fourches d'une phrase colère : M. Lefebvre, dont les Diane « figureraient avec honneur sur un paravent » ; M. Bonnat, avec ses supercheries et ses trompe-l'œil, la glace de ses tons et les mesquineries mal déguisées de sa palette ; M. Meissonier, M. Tony Robert Fleury, M. Henner, M. Gérôme, le pion patenté de ce cortège — toute la séquelle, en somme, des « formuleux », des professeurs de beau, bien secoués, cette fois, le creux de leurs décorations sonnant sur leur poitrine. C'est, exprimée en termes décisifs et frappants, l'horreur de la « recette », — et M. Puvis de Chavannes lui-même n'échappe pas à cette rude prise à partie. Certes, M. Puvis de Chavannes possède un grand talent, et, malgré de nombreuses toiles de couleur ennuyeuse, on est arrêté mainte fois par le charme idyllique et primitif de ses tableaux et la grâce chlorotique de ses personnages ; mais M. Huysmans, qui fait impitoyablement tomber mainte écaille des yeux, montre que cet artiste, unanimement sacré grand poète, n'échappe pas à la maladie des peintres de nos temps de repêcher des formules, de détrousser les anciens, de rejouer de vieux airs, et apporte « la singerie de la foi, le retors de la simplesse ».

Une autre catégorie d'artistes violentée rudement par

M. Huysmans est celle de ces joueurs de refrains sentimentaux ou patriotiques, qui, tout en tournant la traditionnelle
manivelle des Beaux-Arts, « lâchent l'antiquaille qui ne se
vend point et s'efforcent, pour gagner de l'argent, de flatter,
par des gentillesses, le gros goût du public ». Les pleurni-
cheries, les bébêtises, les drapeaux tricolores et les dernières
cartouches, les amoureux fadasses et les cocottes en porcelaine : tout cela, des strophes de café-concert mises en une
peinture de vitrier, puant le mastic. C'est fait par la cohorte
des peintres manquant d'éducation, des reporters des ateliers
encadrant des « faits-divers », et qui ne possèdent cette néces-
saire aristocratie qui est la marque de l'artiste.

En combattant tout ce qui est académique, M. Huysmans
s'est improvisé le champion de *l'art libre*, et ce sera une gloire
pour lui d'avoir soutenu les *Indépendants*, en 1880 et 1881, et
découvert des artistes tels que MM. Forain et Raffaëli.

Avant tout, M. Huysmans cherche l'originalité, la note personnelle, l'accent particulier. Il a horreur de la copie, de
l'imitation, même à petite dose, des recommencements, et de
cette résurrection des vieilles choses prônée par les gens des
écoles. Il va d'instinct à *l'intuitif*, à celui qui *est* artiste et
n'apprend pas à le *devenir*.

Dans *Certains*, il continue la campagne de *l'Art moderne* et
revient à l'éloge de peintres déjà prônés, — tels que MM. Degas,
Moreau, Raffaëlli, Whistler, Redon, Forain, auxquels il ajoute
quelques autres : MM. Rops, Chéret — avec, en outre, comme
complément du livre, de nerveuses notes sur l'architecture
veule et sans caractère de ce temps, sur l'emploi du fer, inau-
guré dans la bâtisse de l'Exposition de Paris, et l'avenir que
cette matière prépare aux monuments, quand elle ne sera plus
employée par des entrepreneurs, mais bien maniée par des
artistes.

M. J.-K. Huysmans, en faisant de la critique libre, n'est
nullement un dillettante. Le dilettantisme est un affaiblisse-
ment, une anémie intellectuelle, qui empêche la réalisation
d'une œuvre. M. Huysmans n'est pas de ces souples, à sensations futiles, qui proclament le beau « partout où ils le trou-

vent ». Il aime l'artiste en qui il découvre comme un écho de
lui-même, un reflet de son esprit, une sympathie à son tempérament, — et au fond ce sont ses goûts qu'il défend et quelquefois ses caprices. C'est la seule manière, d'ailleurs, de faire de
la critique personnelle. Il est beaucoup de gens qui ont *du
goût*; il est rare d'en trouver qui aient *des goûts*. Ceux-ci tran-
chent sur la masse. Ce sont les violents, qui ont la chair chaude
et le nerf vibrant, les combattants, qui font la croisade pour
leurs croyances. Ainsi, M. Huysmans rêve de créer un musée
exclusif de peinture moderne, selon *ses goûts*, et il infligerait
aux Américains achetant aux porte-pinceaux qu'il exècre, les
supplices gravés dans les planches de Jan Luyken — cet
inquisitorial Hollandais dont la véhémence et l'abomination
l'attirent.

Ce musée ainsi souhaité est significatif. Car tous les artistes
inscrits en son catalogue sont des coloristes ou des peintres de
la vie. Tous sont des *forts*, bien en relief, pleins de moelle :
des éblouissants comme M. Moreau, des fulgurants comme
M. Rops, des vivants tels que MM. Degas, Forain, Raffaëlli,
Chéret, des lumineux tels que MM. Monet, Manet et Pissarro.
La vie — c'est ce que M. Huysmans cherche. Non pas celle
des Stevens, des Gervex ou autres qui sont des *modistes*; il lui
faut une vie riche, condensée, sanguine et salée, — éclatante,
animée, significative, sincère, ramifiant comme des veines, —
qu'elle soit seulement pétillante comme en les affiches de
M. Chéret, ou profondément *spirituelle* comme en les eaux-
fortes de M. Rops. Il reste sourd aux pâles appels, airs de
flûte primitive en un décor mythique, des allégories de
M. Puvis ; de même, il n'écoute les orchestrations idylliques
de Corot, dont les paysages sont trop gris et qui a besoin, pour
les réveiller, du « coup de vermillon que frappe un personnage
quelconque, coiffé d'un béret rouge ». Ainsi, encore dans une
étude de Millet, tout en disant le haut mérite de ce grand
artiste qui a glorifié la Terre, il lui reproche un manque de
vie réelle, un creux de convention. Millet se laisse aller à trop
de revendications en faveur des paysans qu'il représente en
« innocents forçats et maladroits rhéteurs ».

Ainsi, M. Huysmans n'est pas le « décadent » qu'on s'imagine souvent. Bien que Monsieur des Esseintes possède beaucoup de son auteur, ce qui déséquilibre parfois son personnage, on a le tort d'identifier M. Huysmans avec son héros morbide. Des Esseintes est bien plus compliqué que M. Huysmans. Dans une étude intitulée : *Physiologie des décadents*, M. Francis Nautet, le critique belge le plus pénétrant, appelait M. Huysmans un « barbare ». En effet, il se rapproche du primitif. Il *voit* avec l'œil robuste et franc, le sentiment superbe — et même quelquefois *naïf* — d'un barbare. « Ses préférences, dit M. Nautet, vont aux choses qui ruissellent, aux couleurs éclatantes, aux richesses massives, et son style est de même flamboyant, énergique, coloré, trahissant la pléthore et non l'anémie ».

Les artistes contemporains qui, surtout, jouissent des dilections de M. Huysmans, sont, outre MM. Moreau et Redon, MM. Degas, Forain, Raffaëlli et Rops.

Ce qui requiert M. Huysmans en MM. Moreau et Redon, c'est l'incite au rêve, la suggestion à l'au-delà « loin des excrémentielles idées secrétées par tout un peuple ». Ce sont, dit-il, dès « êtres d'exception, qui retournent sur les pas des siècles et se jettent, par dégoût des promiscuités qu'il leur faut subir, dans les gouffres des âges révolus, dans les tumultueux espaces des cauchemars et des rêves ». Dans ces études sur ces deux artistes, percent encore ce dégoût des contemporains, cette haine violente contre un temps banal et veule, où il ne trouve d'issue à des pensers trop altiers, à des activités trop entières — et en cela M. Huysmans est de la grande école des Villiers et des Barbey, qui dessinent sur cette fin de siècle le geste superbe de leur ironie et de leur mépris.

Mais M. Huysmans me semble exagérer ses colères artistes en affublant M. Degas de désirs d'outrages, de nargue féroce et cruelle dans ses attentives et patientes études et ses merveilleux tableaux. Je ne pense pas que M. Degas, excédé par la bassesse de ses voisinages ait voulu culbuter cet idole : la Femme, en la représentant telle qu'elle est, avec une aigue sincérité de vie ; mais je crois, au contraire, qu'il faut surtout voir, dans ses œuvres, ce que M. Huysmans indique en ces termes : « L'inoubliable véracité de ces types enlevés avec un dessin ample et foncier, avec une fougue lucide et maîtrisée, ainsi qu'avec une fièvre froide ; ce qu'il faut voir, c'est la couleur ardente et sourde, le ton mystérieux et opulent de ces scènes ; c'est la suprême beauté des chairs bleuies ou rosées par l'eau, éclairées par des fenêtres closes vêtues de mousselines, dans des chambres sombres où apparaissent, en un jour voilé de cour, des murs tapissés de cretonnes de Jouy, des lavabos et des cuvettes, des flacons et des peignes, des brosses à couvertes de buis, des bouillottes de cuivre rose ! »

« Ce n'est plus la chair plane et glissante, toujours nue des déesses, cette chair dont la plus inexorable formule figure dans un tableau de Regnault, au musée Lacaze, un tableau où l'une des trois Grâces arbore un fessier de percale rose et huilé, éclairé en dedans par une veilleuse, mais c'est de la chair déshabillée, réelle, vive, de la chair saisie par les ablutions et dont la froide grenaille va s'amortir. »

Ces nouveaux aperçus me remettent en mémoire une étude sur l'Exposition des Indépendants, en 1881, où M. Degas avait exposé sa *Petite danseuse de quatorze ans*. C'était une statuette en cire ingénieusement attifée de mousseline et dont la tête se coiffait de vrais crins. — Une œuvre, en son modernisme arrêtant, qui rappelait le Christ de la cathédrale de Burgos et les madones d'Espagne, maquillées et vêtues d'étoffes. M. Huysmans s'extasie devant la terrible réalité de cette œuvrette — et il faut lire comme, originalement, le « barbare » qu'il est part en guerre contre la monochromie, la glace et la rigidité du marbre, apte à modeler les tubulures des peplums antiques, mais « incapable de rendre les élégances des vêtements de nos jours, les mollesses du corps raffermis par les buscs, le gingembre des traits avivés par un rien de fard, le ton mutin que prennent des physionomies de Parisiennes avec des cheveux à la chien pleuvant sur ces petites toques qu'allume tout d'un côté une aile de lophophore. » Alors M. Huysmans rêve une sculpture — non pas en cire, car la cire est peu durable — mais en bois, substance malléable et souple, — une sculpture pareille à celle qui orne la plupart des églises belges. Et il voudrait ce bois *peint* imaginant ainsi un art, dû à la fois au pinceau et au ciseau et qui pourrait atteindre, manié par un homme de grand talent, à des couleurs et à des vies d'une intensité et d'une force inouïes. Ce désir de la statue peinte n'évoque-t-il pas un barbarisme d'aspiration, une primitivité de goût tout à fait rares, et n'est-il pas intéressant de voir ce grand écrivain, dans son milieu de décadence, retourner, tout en gardant une note moderne intense, à des époques romanes, simples et naïves — et vouloir pimenter la barbarie des anciennes vierges du poivre irritant de nos époques?

Parmi les peintres de cette vie contemporaine, de cette vraie modernité, que M. Huysmans rencontre si vivace dans le tableau de Manet : *Chez le père Lathuile*, un des plus faits pour le séduire est, certes M. Forain. C'est le portraitiste de la Fille, à l'attirante pourriture, « des danseuses, au petit bec retroussé, des affolants et célestes arsouilles, causant avec de gros messieurs paternes et obscènes ». Elève de Carpeaux, de Manet et surtout de M. Degas, doué d'un « esprit net et blagueur, très élagué de toute chimère », M. Forain possède, en outre, un coup de crayon d'une perçante prestesse, pointu, exact, audacieux. « Ainsi armé, M. Forain a voulu faire ce que le Guys, révélé par Baudelaire, avait fait pour son époque : peindre la femme où qu'elle s'affirme, dans les lieux où elle travaille, et il a naturellement peint aussi l'éternel comparse de la vieille farce, le Hulot moderne ou le jeune jobard en quête d'un renom mondain. A coup sûr, personne n'a mieux que lui, dans d'inoubliables aquarelles, décrit la fille ; personne n'a mieux rendu les bipèdes amours de ses yeux vides, l'embûche polie de son sourire, l'émoi parfumé de ses seins, le glorieux dodinage de son chignon trempé dans les eaux oxygénées et les potasses ; personne, enfin, n'a plus justemment exprimé la délicieuse horreur de son masque rosse, ses élégances vengeresses des famines subies, ses dêches voilées sous la gaieté des falbalas et l'éclat des fards ».

Enfin, comme complément à ses analyses de l'œuvre de
M. Raffaëlli — un autre de ses préférés — éditées dans *l'Art
moderne*, et qui disent le côté, triste et navrant, en même temps
que d'une minutieuse justesse, de cet artiste des banlieues,
M. Huysmans donne, en *Certains*, cette capiteuse copie de la
« belle matinée », un tableau nouveau de M. Raffaëlli, à
propos duquel il termine ainsi, en des phrases corsées, sa
succulente variation : « C'est un hymne blanc, un hymne
dans lequel le peintre a traité le symbole de la couleur chaste,
hystérisé la candeur, imprégné de volupté la fraîcheur des
tons communiants, cantharidé les teintes évangéliques, les
nuances d'épithalame! Œuvre d'une distinction mitoyenne,
voulue, œuvre précise, d'un réalisme absolu, d'une observation acérée, d'une vigueur intense, ce tableau détonne, dans
la pièce où il chante à tue-tête son hosanna libertin des blancs,
au milieu des antiennes multicolores moulues par les orgues
de Barbarie de ses confrères ».

Le chapitre essentiel de *Certains* est consacré à Félicien
Rops. Jamais, pensons-nous, ce grand et admirable artiste
n'a été étudié avec autant de précision, et la loupe curieuse
de M. Huysmans se promène avec minutie et patience
sur ses cruelles eaux-fortes et ses mordants dessins. Comme
il l'a fait pour M. Moreau dans *A Rebours*, ici, également,
en une prose aiguë et large, M. Huysmans raconte l'œuvre
de l'artiste, — en en faisant saillir la spiritualité *catholique*,
mais en s'arrêtant un peu trop, ce semble, aux détails
érotiques. Félicien Rops doit être un des artistes de dilection
de M. Huysmans. C'est un étrange et un bizarre ; Baudelaire
rimait :

> Usez toutes vos éloquences
> Mon bien cher coco Malperché,
>
> Comme je le ferais moi-même,
> A dire là-bas, combien j'aime
> Ce tant bizarre Monsieur Rops,
>
> Qui n'est pas un grand prix de Rome,
> Mais dont le talent est haut, comme
> La pyramide de Chéops.

Rops a, comme M. Moreau, de la magie, du surnaturel, — et du monstrueux, ainsi que M. Redon ; mais il est, en outre, peintre de la Vie — sa plume pointue se trempe en la faisant saigner, dans l'Activité contemporaine. Des reflets de son époque éclairent son œuvre, mais il s'élève au dessus de son temps par le symbole de « la Femme essentielle et hors des temps, la Bête vénimeuse et nue, la souveraine des Ténèbres, la serve absolue du Diable ».

Les plus belles choses de Rops sont analysées dans le livre nouveau de M. Huysmans. Depuis les illustrations libertines, les frontispices agiles, railleurs, impies ou fanfarons, jusqu'aux planches merveilleuses des *Sataniques* et des *Diaboliques*, l'essentiel de l'œuvre est décrit. Et c'est évocatif — c'est *buriné* avec la pointe même de Rops : sa couleur noire et enflammée, l'esprit malin de son crayon, le cynisme de ses curiosités, l'audace ricanante de sa griffe, passent sous les yeux ; et le rire satanique du fond de l'œuvre s'entend.

Dernièrement encore je feuilletais une collection assez nombreuse de « Rops », incomplète, certes, car l'œuvre est immense. A mes yeux défilait le noir cortège des priapées et des démoniaques luxures. Les Pythonisses du Mal, cruellement effigiées en ces eaux-fortes, cambraient leurs torses incendiaires, et leurs peaux brûlaient. Toutes les joies cruelles des stupres et les cuissons charnelles de ces possédées d'amour flambaient de flammes orgiaques. C'était comme un éhonté ricanement de la Démone, un hosannah de bestialité formidable, la Torture des joies de feu et des douleurs des accouplements clamant leurs râles dans un firmament ténébreux de sabbat.

Et je pensais à une aquarelle fameuse de Rops : la *Tentation de Saint-Antoine*. Et songeant au bon Dieu vermoulu qui tombe de la Croix plantée devant l'ascète agenouillé, et en place duquel se déploient les séductions d'une grande Catin de Bas-Empire qui ouvre les bras à quelque formidable débauche, léchée d'un reflet de la Crapule et étalant victorieusement ses appâts sans voiles, je me représentais cette chute piteuse de Christ et son remplacement par l'insolente Femelle, comme un résumé de l'œuvre de Rops — et un symbole de

notre époque (il semble que M. J.-K. Huysmans n'insiste pas
assez sur ce dernier point), car en nos temps on se moque de
Dieu ; il y a belle lurette que le Christ est relégué au magasin
des accessoires ; nos années s'immatérialisent ; le temps du
Diable est venu : il peut sonner victoire et faire gigoter de joie
lubrique ses pattes de bouc. C'est lui qui triomphe sur la croix
et devant qui on se prosterne.

Ce Démon — M. Huysmans le dit très bien — n'est plus
celui d'antan, l'animal immonde, crasseux, puant et formidable, ou le grand homme noir, toujours botté et éperonné.
C'est la femme elle-même : la Démone. On se moque maintenant des apparitions, des possessions et des exorcismes du
moyen-âge, mais on ne résiste pas aux tentations de cette
buveuse d'absinthe qui « désabrutie et à jeun, devient plus
menaçante encore et plus vorace, avec sa face glacée et vide,
canaille et dure, avec ses yeux limpides, au regard fixe et cruel
des tribades, avec sa bouche un peu grande, fendue droite,
son nez régulier et court ». Ce type, repris, amplifié, devient
formidable dans l'œuvre de Rops, s'érige en entité terrible, où
semblent se concentrer les bestialités et les luxures de toutes
les époques passées, depuis les ardeurs des faunes et des nymphes et les lubricités des sorcières moyen-âgeuses, jusqu'aux
amours basses des créatures de notre décadence. Elle est vraiment démone, irrésistible, apportant en son corps affolant la
flamme des enfers — cruelle et sans pitié, dédaigneuse du
mâle : et en cela, encore, ce que M. Huysmans n'indique non
plus, symbolique des femmes sans *amour* de nos temps : les
« amours » volètent encore dans les « ropsiques » mais leur
tête est décharnée ou ils soufflent sur des feuilles de vigne.

Si jadis, le diable agissait lui-même et ne s'incarnait que
rarement dans le corps de la maudite, aujourd'hui que celle-
ci règne et piétine son royaume humain, il apparaît encore
toutefois : « Satan bien moderne ; il est un gentleman, en habit
noir, un paysan, un Prudhomme immonde ». Sa face est
pétrie de tous les vices de ces temps : il y a en lui du terrien
rapace, du notaire véreux, du banquier usurier, du sportman
décavé, du sénateur que rongent des faiblesses inavouables ;

il a même des aspects américains et « il semble qu'il soit passé par le nouveau monde qui a lavé dans sa cupide hypocrisie, tonifié, rajeuni, les vices de la vieille Europe ».

Et dans tous ces personnages, femelles ou mâles, une vie intense — ou plutôt un *esprit* d'une rare subtilité rayonne de lumière ironique ou terrible. C'est une lueur surgie des fonds mystérieux et mauvais des âmes, des parties basses des corps. Car Rops est le peintre prestigieux de la chair ardente et roide : « il l'a pétrie, tordue dans les excès de fièvre; il a révélé enfin l'extranaturel des physionomies surmenées qui éclatent en des transports si véhéments, que l'expression de leurs traits vous poursuit et vous angoisse ».

Pour retrouver autant de spiritualité dans les corps, il faut remonter aux primitifs, aux Memling, aux Fra Angelico. A côté des Maudits sortis des enfers, et des Filles diaboliques, c'est l'antithèse des Christs exsangues, émaciés par les ferveurs et les martyres, des vierges pures, et des anges aux ailes blanches qui jouent sur des instruments religieux. C'est la procession des Saints benoîts et des Saintes extasiées; les peuples passent leurs jours à chasser de leurs corps — objet de mépris — l'esprit malin, à force de psaumes et de litanies; les seigneurs en armes s'agenouillent et prient dans le silence des chapelles et les dames joignent leurs mains frêles et cachent sous la chasteté de leurs longues robes leurs plates poitrines. Car notre temps forme le pôle opposé des siècles de Foi et de Candeur. Et Rops est comme le revers ténébreux et brûlant de la séraphique médaille des Fra Angelico.

Décembre 1889.

Table des matières